Ramiro Beltrán Guerrero

La Iglesia Del Dios Viviente.1 Ti. 3:15

Ramiro Beltrán Guerrero

La Iglesia Del Dios Viviente.1 Ti. 3:15

La única iglesia de Dios verdadera

CREDO EDICIONES

Imprint

Cover image: www.ingimage.com

Publisher:
CREDO EDICIONES
is a trademark of
International Book Market Service Ltd., member of OmniScriptum Publishing Group
17 Meldrum Street, Beau Bassin 71504, Mauritius

Printed at: see last page
ISBN: 978-613-1-96053-6

LA IGLESIA DEL DIOS VIVIENTE
1 Ti. 3:15

Esta denominación la aplicó el apóstol Pablo a la comunidad de personas que habían creído en Cristo en Éfeso. Con esta denominación el apóstol no sólo la estaba distinguiendo de la comunidad de ciudadanos de Éfeso; también la estaba distinguiendo de las comunidades que servían a dioses inertes. La iglesia a la que el apóstol se refiere como propiedad del Dios Viviente, es una iglesia particular. El Dios Viviente, es una declaración excluyente. El pronombre, Él, referente a Dios, acompañado del adjetivo, viviente, no da lugar a otro. Lo destaca como el único Dios que tiene vida, al mismo tiempo afirma, de manera tácita, pero contundente que los demás dioses carecen de vida. El Dios Viviente es el único Dios verdadero, Él es el propietario de esta iglesia a la cual Pablo se refiere. Esto le da, a la iglesia, un valor particular. La hace una iglesia única. Lo cual afecta de manera muy importante a quienes están dentro de ella y quienes están fuera. ¿Por qué? Porque con esta iglesia está asociada la gracia salvadora y el destino eterno de cada individuo. De manera que no es asunto insignificante pertenecer o no a la Iglesia de Dios.

Contenido

1. CONSIDERACIONES PERTINENTES EN CUANTO AL USO DEL TÉRMINO "IGLESIA"

LA IGLESIA DEL DIOS VIVIENTE
1 Ti. 3:14,15

*[14]Esto te escribo, aunque tengo la esperanza de ir pronto a verte, [15]para que si tardo, sepas cómo debes conducirte en la casa de Dios, que es la **iglesia del Dios** viviente, columna y baluarte de la verdad.*

Esta denominación es sumamente importante. Lo podremos comprender reconociendo el contexto de ella, y el uso que se le ha dado al término "iglesia". Debemos comenzar considerando eso.

Al estudiar la Biblia, debemos tener cuidado en no asumir una palabra de la Biblia, según el uso que hoy le damos, sin antes asegurarnos cuál es el uso que el autor le dio en su momento. La clave fundamental para entender correctamente una palabra, una frase, o una declaración cualquiera, es teniendo en cuenta sus contextos particulares. En el estudio de la Biblia debemos tener en cuenta tres tipos de contexto: el histórico, el gramático, y el teológico; este último es absolutamente indispensable en el estudio de cualquier texto de la Biblia. Cada vez que Dios habló, lo hizo teniendo en cuenta las costumbres del lugar y momento en el que estaban ubicadas las personas a quien se dirigió y haciendo uso del lenguaje de esas personas. Lo que el Espíritu Santo hizo, fue tomar las palabras partiendo del uso que le daban en ese lugar, pero aplicándoles una connotación particular según el propósito de Dios el Padre y del Señor Jesucristo. Eso es lo que encontramos que hizo, con la palabra "iglesia" al inspirar lo que leemos en 1 Ti. 3:15.

En 1 Ti. 3:15, tenemos cuatro denominaciones de la Iglesia de Cristo. Esas cuatro denominaciones están asociadas entre sí. La denominación central es "la Iglesia del Dios Viviente" Las denominaciones, "casa de Dios", "columna" y "baluarte" son denominaciones calificativas distintivas. El término básico de la denominación "Iglesia del Dios Viviente" es "iglesia"; los términos que lo rodean, cualifican y particularizan su uso. Para poder comprender adecuadamente lo que el Espíritu Santo quiere comunicar en este versículo, es necesario comprender el origen y uso de este término. Consideremos lo concerniente al término, para entonces poder comprender su uso particular.

En este versículo, el sujeto central es "la iglesia". La frase: "de Dios" es el distintivo calificativo principal. La palabra "iglesia" se traduce de la palabra griega, "ἐκκλησία" transliterado al latín "Ekklesía" y al español "iglesia". Es un término compuesto por dos palabras con distinto significado: ek=fuera de, y klesis=llamamiento (esta se deriva del término "kaleo" que significa llamar), de manera que el termino iglesia significa: Llamados fuera de o llamados a salir.

- Uso ordinario del término "iglesia"

Se entendía que iglesia era un conjunto de personas que respondían a una convocatoria pública (generalmente al llamado de un mensajero oficial o heraldo), para deliberar sobre asuntos de orden cívico o político. El término "iglesia" por sí solo no tenía connotación religiosa alguna; en algunos casos era aplicado a entes no relacionados con Dios. Tenemos ejemplos de esto en las siguientes referencias: Hch. 19:32-39,41. En las tres referencias, el término "asamblea" es traducido del término griego "Ekklesía" En Hch. 19:32, el término "Ekklesía" se refiere a una conglomeración casual de gente a la expectativa de algo indeterminado. En Hch. 19:39,41, el término es usado para referirse a un conjunto de ciudadanos con derecho a participar en los asuntos que afectaban su ciudad: Éfeso, específicamente. En estos casos, el término "iglesia" no fue usado con una connotación cristiana; de manera que el denominativo "iglesia" ordinariamente era aplicado a cualquier conjunto de personas identificadas entre sí por una causa, informal o formal. Esto es de gran importancia, porque cuando el apóstol Pablo escribió esta carta a Timoteo, su destinatario, estaba en Éfeso. 1 Ti. 1:3. Con esto comprendemos por qué el apóstol de manera específica aclara a cual iglesia se está refiriendo.

- Uso del término iglesia por los autores bíblicos

Los escritores bíblicos usaron el término "Ekklesía" con diferentes connotaciones. Los autores de la LXX (versión griega del Antiguo Testamento) usaron el término griego ἐκκλησία para designar a la congregación de Israel convocada para cualquier propósito determinado, o para designar una reunión considerada como representativa de la nación toda.

Los autores del Nuevo Testamento, en su conjunto, usaron la palabra, ἐκκλησία, 115 veces; tres veces en un **sentido secular**, dos aplicadas a Israel, y ciento diez en sentido cristiano aplicado a un conjunto local de cristianos; a los cristianos de una región, sin distinción de comunidades locales, y a la totalidad los redimidos de todos los tiempos y lugares. Estos usos, específicamente cristianos, los podemos constatar en las siguientes referencias, entre otras:
Mt. 18:17 Sin duda se refiere a la iglesia local instituida y organizada. Estas cláusulas disciplinarias únicamente se pueden ejecutar de esa manera en una iglesia local, organizada como lo señala Hch. 14:23 y Tit. 1:5.
Hch. 8:3 se refiere a los que habían creído el evangelio en diferentes lugares dentro de una región o jurisdicción, sin distinción de congregaciones locales. Hch. 9:31 se refiere a diferentes grupos de creyentes. Mt. 16:18, se refiere a la edificación de su iglesia universal. En Ef. 1:22; 5:23, 25, 27,29. El término "iglesia "incluye a todos los que por los méritos de la persona y obra redentora del Señor Jesucristo, han sido, son, y serán hechos espiritualmente miembros de su cuerpo.

- Uso del término iglesia por los traductores

Los traductores de la Biblia al español, lo han reservado únicamente para referirse al conjunto de discípulos de Cristo, localizados en una ciudad, en una región o a todos los creyentes de todo lugar y tiempo. Cuando el término "Ekklesía" no se refiere a los cristianos, han preferido traducirlo en otra palabra, como "asamblea" Hch. 19:39, 41, "concurrencia" Hch. 19:32 y "congregación" Hch. 7:38. En algunos casos, aunque se refiere a los redimidos, lo han traducido como congregación, así lo hace la RV60 en Hb. 12:23, eso lo hacen los traductores para hacer la distinción, entre el uso ordinario y el uso particular.

- Uso actual del término

En la actualidad el término "iglesia" es usado en un sentido propiamente religioso. Algunos usan el término "iglesia" para referirse al recinto donde se realizan reuniones religiosas. De una y de otra manera, hoy el término "iglesia" está relacionado con diferentes comunidades denominadas cristianas; diferentes no meramente en variedad, sino también en esencia. El problema es que en algunas de esas iglesias, denominadas cristianas, no puede hallarse los distintivos de la iglesia mencionada en este versículo. Consideremos ahora el distintivo principal.

2. DISTINTIVO PRINCIPAL DEL TERMINO “IGLESIA” EN EL TEXTO

LA IGLESIA DEL DIOS VIVIENTE
1 Ti. 3:14,15

*[14]Esto te escribo, aunque tengo la esperanza de ir pronto a verte, [15]para que si tardo, sepas cómo debes conducirte en la casa de Dios, que es la **iglesia del Dios** viviente, columna y baluarte de la verdad.*

Cuando el apóstol Pablo escribió a Timoteo esta carta usando el término “iglesia” lo hizo dejando claridad a que iglesia se estaba refiriendo. Recordemos que según la información que obtenemos de Hch. 19:32,38 y 41, en Éfeso se denominaba iglesia a una aglomeración casual de personas y a la asamblea de ciudadanos aptos para deliberar sobre los asuntos públicos. Esto nos permite inferir que allí se le llamaba iglesia a cualquier conjunto de personas aglomeradas por razones formales o informales. El apóstol, tomó el término “iglesia” teniendo en cuenta el uso que en Éfeso le daban, pero dándole un valor particular de manera que la iglesia a la que se estaba refiriendo pudiese ser claramente distinguida de cualquier otra comunidad. La iglesia a la que Pablo se refiere, en 1 Ti. 3:15, no es una aglomeración casual de personas a la expectativa de un suceso público. Tampoco es el conjunto de ciudadanos de Éfeso habilitados para participar en las decisiones de los asuntos cívicos de la ciudad. La iglesia a la que el apóstol se refiere, la nombra por su propietario, para distinguirla de las comunidades ordinarias. ¿Cómo la denomina el apóstol? La denomina con un distintivo muy especial:

- **La Iglesia del Dios Viviente**

¿Cuál es el distintivo de la iglesia mencionada por el apóstol? Del Dios Viviente. Con esta denominación, no solo la estaba distinguiendo de la comunidad de ciudadanos de Éfeso también la estaba distinguiendo de las comunidades que servían a dioses inertes. La iglesia a la que el apóstol se refiere es propiedad del Dios Viviente. El Dios Viviente es una declaración excluyente. El pronombre, Él, referente a Dios, acompañado del adjetivo, viviente, no da lugar a otro. Lo destaca como el único Dios que tiene vida, al mismo tiempo afirma, de manera tácita, pero contundente, que los demás dioses carecen de vida. El Dios Viviente, es el único Dios verdadero, Él es el propietario de esta iglesia a la cual Pablo se refiere. Esto le da a esa iglesia un valor particular. La hace una iglesia única. Esto afecta de manera muy importante a quienes están dentro de ella y quienes están fuera. ¿Por qué? Porque con esta iglesia, está asociada la gracia salvadora y el destino eterno de cada individuo. De manera que no es asunto insignificante pertenecer o no a la iglesia de Dios.

- **¿Cómo afecta la realidad, envuelta en esta denominación, a quienes pertenecen a la Iglesia de Dios?**

La iglesia que el apóstol menciona como propiedad de Dios, 1 Ti. 3:15 allí en Éfeso, específicamente, estaba conformada por el conjunto de varones, mujeres, mayores y menores, de la ciudad de Éfeso, quienes habían creído el Evangelio del Señor Jesucristo y perseveraban juntos en ello. A ellos el apóstol los llama los santos y fieles en Cristo Jesús que están en Éfeso. Ef. 1:1. Esto implica que quienes conforman la comunidad que Pablo llama Iglesia del Dios viviente, son objeto de actos especiales de Dios.
Todo el universo es propiedad de Dios, (Sal. 24:1,2) pero esta comunidad lo es de una manera que no lo es ninguna otra. Averigüemos esto. Para poder comprender por qué esta comunidad es propiedad de Dios de una manera particular, debemos averiguar de qué han sido objeto, de parte de Dios, quienes la conforman. Para ello vamos a Ef. 1:3-14.
Según leemos en esta escritura, quienes la conforman, han sido objeto de las más grandes bendiciones celestiales. **Una**: fueron escogidos, en Cristo, desde antes de la fundación del mundo, para que fuesen santos y sin mancha delante de Él (1:4). No por ser santos y puros, sino para serlo. **Dos:** fueron predestinados en amor para ser adoptados hijos de Dios por medio de Jesucristo, para alabanza de la gloria de su gracia (1:5-6). **Tres**: fueron redimidos, por la sangre de Cristo (1:7). **Cuatro:** por la misma sangre de Cristo, fueron indultados, obtuvieron el perdón de sus pecados (1:7; Ro. 8:1). **Cinco:** también Dios les ha dado a conocer el misterio de la redención del universo por medio del Señor Jesucristo (1:9-10), son depositarios del secreto de la redención eterna. **Seis:** en Cristo, fueron hechos herederos del mundo (Ro. 4:13; 2 P. 3:13). **Siete:** en Cristo también fueron sellados con el Espíritu Santo, como arras de la promesa (1:13,14). Todos los que universalmente, en Cristo, han sido objeto de estas siete bendiciones

espirituales, pertenecen a la Iglesia del Dios Viviente. ¿Habrá algo que pueda superar estas bondades?

Esto es grandioso. Escogidos en Cristo de entre todos los pecadores para ser inmaculados. Redimidos en Cristo de la inmundicia del pecado y de las garras del diablo. Indultados en Cristo, absueltos de sus pecados, libres de la horrorosa condenación al infierno. Hechos hijos de Dios en Cristo. En Él, también, Dios les ha concedido conocer el misterio redentor. En Cristo, el Padre los hizo herederos del mundo redimido. Finalmente, en Cristo fueron sellados con el Espíritu Santo, como garantía de que obtendrán la plenitud de lo prometido en todo lo anterior. Pero note que todo eso Dios lo hizo en Cristo. Cristo es la causa, la razón de la iglesia. Él pagó el precio de todas estas bendiciones espirituales. Esta iglesia es de Dios, de una manera particular, porque la compró con la vida de su unigénito Hijo; costó la sangre del Hijo de Dios. Hch. 20:28c; Ef. 1:7. Quienes han sido objeto de estas bendiciones celestiales, deben ser personas sumamente gozosas y agradecidas con Dios.

- **¿Cómo afecta la denominación "Iglesia de Dios" a quienes no pertenecen a esa iglesia?**

¿Cómo podemos tener idea de lo que significa no pertenecer a la Iglesia del Dios Viviente? Esto lo podemos inferir por el principio de contraste. No pertenecer a la iglesia que ha sido favorecida por estas siete bendiciones espirituales, es estar en la más grave de las ruinas, y en riesgo de caer en la más horrenda de las calamidades.

No haber sido favorecido por estas siete bendiciones espirituales equivale a estar abandonado espiritualmente. Equivale a estar sin el cuidado espiritual de Dios. No pertenecer a la iglesia de Dios es estar sin la paternidad divina, es estar en orfandad espiritual. No pertenecer a la Iglesia del Dios Viviente es estar sin redención, esto es, estar aún secuestrado por el diablo y esclavo del pecado. No pertenecer a la Iglesia del Dios Viviente es estar sin el perdón de los pecados, bajo la condenación espiritual, muerto en delitos y pecados, incapacitado para agradar a Dios y expuesto a la más horrenda condenación, el lago que arde con fuego y azufre. No pertenecer a la Iglesia del Dios Viviente es desconocer el misterio de la redención, es ignorar el evangelio y su valor eterno; es estar en tinieblas en cuanto a las realidades espirituales del hombre y el universo. No pertenecer a la Iglesia del Dios

Viviente, equivale a estar sin herencia eterna, sin parte en la vida eterna y en el mundo redimido.

Ro. 8:21 *Porque la creación será liberada de la corrupción a la que está esclavizada.*

Estar excluido de la Iglesia del Dios viviente, es también estar sin garantía alguna del eterno favor de Dios. Todos los que universalmente no han sido objeto de estas siete bendiciones espirituales, mencionadas por el apóstol en Ef. 1:3-14, aun no pertenecen a la Iglesia de Dios; están sin esperanza y sin Dios en el mundo.

Ustedes y yo podemos ver, a la luz de lo anterior, cómo afectan las realidades envueltas en la figura a quienes pertenecen a la Iglesia de Dios y a quienes no pertenecen a ella. Estas realidades deben motivar a quienes están en ella a no abandonarla y a asegurarse de pertenecer a ella en verdad. Quienes no pertenecen a ella, deben ser motivados a procurar pertenecer a ella. Ante esto, es necesario comprender cómo pertenecer a ella y cuáles son las características reales de quienes pertenecen a la Iglesia del Dios Viviente. Como veremos más adelante.

3. EL AMOR DE DIOS POR SU IGLESIA

LA IGLESIA DEL DIOS VIVIENTE
1 Ti. 3:14,15

*[14]Esto te escribo, aunque tengo la esperanza de ir pronto a verte, [15]para que si tardo, sepas cómo debes conducirte en la casa de Dios, que es la **iglesia del Dios** viviente, columna y baluarte de la verdad.*

En un sentido Dios ama a toda su creación, y a todas sus criaturas en especial al hombre, aun a los hombres malos. Mt. 5:44,45.

[44]Pero yo os digo: Amad a vuestros enemigos, bendecid a los que os maldicen, haced bien a los que os aborrecen, y orad por los que os ultrajan y os persiguen;

[45]para que seáis hijos de vuestro Padre que está en los cielos, que hace salir su sol sobre malos y buenos, y que hace llover sobre justos e injustos.

Es una gran expresión de amor que Dios conceda que aun los hombres impíos disfruten de los beneficios de la luz de su sol, de su agua y su aire; así lo da por hecho el apóstol Mateo. Pero de todo lo creado por Dios, SU IGLESIA ES LA ÚNICA QUE DIOS AMA CON AMOR INQUEBRANTABLE Is. 49:15; Ro. 5:8; 8:31-39.

En Is. 49:15, el Espíritu de Dios compara y contrasta el amor de Dios con el amor de una madre por sus hijos. En la tierra el amor más tolerante, más invariable, más paciente, más sólido, es el amor de una madre por sus hijos. Pero el amor de Dios por su iglesia, es mucho más firme. Mire cómo Dios mismo lo dice: Is. 49:15

¿Se olvidara la mujer de lo que dio a luz, y dejara de compadecerse del hijo de su vientre? Luego añade: *Aunque ella olvide, yo nunca me olvidaré de ti.*

La forma como Dios habla en la primera parte del versículo, implica que es muy improbable que una madre olvide y deje de compadecerse de sus hijos. En la segunda parte del texto Dios dice, pero aun que ella llegase a abandonar a sus hijos, yo jamás abandonaré a mi pueblo.

¿Cuál es ese pueblo al cual Dios ama de manera inmutable? En el tiempo de Isaías, ese pueblo estaba conformado por los verdaderos israelitas, (Ro. 2:28,29) Los que en verdad le creían a Dios, el remanente, Ro. 11:7. Hoy ese pueblo es la iglesia, la comunidad de los redimidos en Cristo. Cristo es la máxima prueba de ese amor de Dios por ese pueblo. Ro. 5:8.
Mas Dios muestra su amor para con nosotros, en que siendo aún pecadores, Cristo murió por nosotros.
¿Puede hablar amor más grande que este amor?
Miremos, a continuación, de manera breve, como el apóstol Pablo amplía su exposición del amor de Dios por su iglesia.
Ro. 8:31-39.

31¿Qué, pues, diremos a esto? Si Dios es por nosotros, ¿quién contra
nosotros? 32El que no escatimó ni a su propio Hijo, sino que lo
entregó por todos nosotros, ¿cómo no nos dará también con Él
todas las cosas? 33¿Quién acusará a los escogidos de Dios? Dios
es el que justifica. 34¿Quién es el que condenará? Cristo es el que
murió; más aún, el que también resucitó, el que además está a la
diestra de Dios, el que también intercede por nosotros. 35¿Quién
nos separará del amor de Cristo? ¿Tribulación, o angustia, o
persecución, o hambre, o desnudez, o peligro, o espada?
36Como está escrito:
Por causa de ti somos muertos todo el tiempo; somos contados como
ovejas de matadero.
37Antes, en todas estas cosas somos más que vencedores por medio de
aquel que nos amó. 38Por lo cual estoy seguro de que ni la
muerte, ni la vida, ni ángeles, ni principados, ni potestades, ni lo
presente, ni lo por venir, 39ni lo alto, ni lo profundo, ni ninguna
otra cosa creada nos podrá separar del amor de Dios, que es en
Cristo Jesús Señor nuestro.

Este pasaje es el acta del seguro de vida de la Iglesia de Dios. No puede haber seguro más completo que este. No hay calamidad contra la cual no haya sido amparada la Iglesia de Dios y cada uno de quienes la conforman.

A. Dios asegura la victoria de su iglesia ante sus enemigos

No hay enemigo que pueda derrotar a la iglesia de Dios.
31Si Dios es por nosotros, ¿quién contra nosotros?

Esta era la convicción experimentada del apóstol Pablo. Esto me hace acordar de las palabras del Señor Jesucristo cuando le dijo a Pedro: Sobre esta roca edificare mi iglesia y las puertas del Hades no prevalecerán contra ella, Mt. 16:18

[32]*El que no escatimó ni a su propio Hijo, sino que lo entregó por todos nosotros, ¿cómo no nos dará también con Él todas las cosas?*

Todas las cosas mencionadas aquí, son las necesarias para conservar la vida espiritual de los creyentes, en este siglo y en el venidero.

B. Dios aseguró el estado judicial de su Iglesia

Este seguro: protege a la iglesia contra las acusaciones. No hay quien pueda acusar a ninguno de quienes pertenecen a la Iglesia de Dios.

[33]*¿Quién acusará a los escogidos de Dios?*

¿Cuál es la respuesta a esta interrogante? Nadie. ¿De qué, nadie puede acusar a los escogidos de Dios? De que sus pecados no han sido condenados y castigados. Nadie puede acusarlos, porque Dios mismo ha juzgado y castigado sus pecados en su Hijo Jesucristo. Es verdad que los escogidos de Dios han pecado y pecan aún, pero no es verdad que sus pecados no hayan sido juzgados y castigados. ¿Ante cuál estrado judicial ninguna acusación contra la iglesia de Dios prevalecerá? Ante el tribunal celestial. La iglesia de Dios tiene un seguro contra quienes pretenden acusar, ante el tribunal celestial supremo, a sus miembros de algún delito. Cristo dio su vida por ellos, Él ha pagado por todos los pecados de los escogidos de Dios; Jn. 10:28, por eso tampoco hay quien los pueda condenar.

C. Dios aseguró a su iglesia contra la condenación

[34]*¿Quién es el que condenará?*

Mire enseguida la respuesta.

Cristo es el que murió; más aún, el que también resucitó, el que además está a la diestra de Dios, el que también intercede por nosotros.

La Iglesia de Dios está asegurada contra la condenación. Este es el seguro más grande que tiene la Iglesia de Dios y cada uno de sus miembros. Este seguro está garantizado por la muerte del Señor Jesucristo, por su resurrección y por su regencia mesiánica. Murió para pagar el pecado de todos y cada uno de quienes son de la Iglesia de Dios, resucitó para certificar que su muerte fue el pago eficaz y suficiente para la absolución y justificación de todos y cada uno de los que son de la Iglesia de Dios, y además de eso, ascendió al trono celestial, donde asumió la soberanía del universo en defensa de su amada Iglesia. Mt. 28:18.

D. Dios asegura su amor por su Iglesia aun en las peores calamidades que le sobrevengan en este mundo

[35]*¿Quién nos separará del amor de Cristo? ¿Tribulación, o angustia, o persecución, o hambre, o desnudez, o peligro, o espada?*

Dios ha asegurado su amor por su Iglesia en contra las calamidades que en este mundo pueden afectarla, o a alguno de sus escogidos, cualesquiera que sean las calamidades que les sobrevengan en este mundo: sean tribulaciones, angustias, persecuciones, escasez de alimento, o de vestuario, riesgos de perder la vida, y amenazas de muerte, Dios promete que su amor no menguará.

Pero es necesario entender que este seguro, como todos los seguros contra calamidades, no evita las calamidades; lo que este seguro garantiza, es que ninguna de estas calamidades, hará menguar el amor de Dios por sus escogidos: su Iglesia. Puede darse el caso en el que un esposo o una esposa abandone a su cónyuge, porque quedó sin empleo y no ha podido encontrar otro trabajo, o porque quebró el negocio, y no hay para comprar la clase de ropa que estaba acostumbrada a lucir, o porque ya no se puede comprar arroz y carnes de primera calidad. Puede darse el caso en el que alguien abandone a su cónyuge porque su enfermedad llegó a un estado en que ya no puede valerse por sí mismo, y tiene que ayudarle aun en las necesidades más íntimas. Puede darse, incluso, el caso en que una madre abandone a sus hijos por razones inexplicables, pero Dios, el Señor Jesucristo, jamás hará eso con su amada Iglesia.

E. Dios asegura la victoria de su Iglesia ante la negativa actitud que el mundo tiene contra ella

[36]*Como está escrito:*

Por causa de ti somos muertos todo el tiempo; somos contados como ovejas de matadero.

[37]*Antes, en todas estas cosas somos más que vencedores por medio de aquel que nos amó.*

Lo que quiere decir el apóstol en el versículo 36 es que el mundo ve a los cristianos como dignos de muerte, por causa del nombre del Señor

Jesucristo. Pero en el versículo 37 afirma que desde la perspectiva del amor de Dios, es lo contrario:

[37]*Antes, en todas estas cosas somos más que vencedores por medio de aquel que nos amó.*

El apóstol concluye su exposición del inquebrantable amor de Dios por su amada Iglesia expresando su convicción, vss 38y 39.

[38]Por lo cual estoy seguro de que ni la muerte, ni la vida, ni ángeles, ni
principados, ni potestades, ni lo presente, ni lo por venir, [39]ni lo
alto, ni lo profundo, ni ninguna otra cosa creada nos podrá separar del amor de Dios, que es en Cristo Jesús Señor nuestro.

Antes de concluir la exposición del inquebrantable amor de Dios por su Iglesia, debo advertir algo: Este "nos o nosotros" repetitivo en este pasaje, se refiere, originalmente, a Pablo y sus destinatarios primarios, es decir, a aquellos creyentes que conformaban la Iglesia de Dios que estaba en Roma, los que allí en Roma fueron llamados a ser de Jesucristo (Ro. 1:1-7). ¿Únicamente Pablo y la Iglesia de Dios que estaba en Roma son objeto del inquebrantable amor de Dios mencionado en Is. 49:15? También es aplicable a la Iglesia de Dios que estaba en Éfeso, en Filipos, en Tesalónica, en Corinto, en Jerusalén, en Bogotá y en Bosa Manzanares. Es aplicable a quienes en cualquier lugar y tiempo han sido redimidos por Cristo.

En el versículo 38, el apóstol hace una lista de las cosas que en algún momento pueden tornarse adversas a la Iglesia de Dios. ¿Cuáles son esas cosas que pueden tornarse adversas a los escogidos de Dios? La muerte, la vida, ángeles, principados, potestades, lo presente, lo porvenir, lo sobre natural, y lo sub natural. Cualquiera de estas cosas, en algún momento y modo pueden ser una amenaza para la iglesia, pero jamás lograrán romper el amor de Dios por su Iglesia.

Concluyo con esto: aunque es verdad que cualquiera de las cosas mencionadas en este pasaje, en algún momento pueden minar la fe y el amor de los redimidos por su redentor, jamás podrán socavar el amor de Dios por su Iglesia. Los creyentes podemos estar seguros de que ninguna cosa creada nos podrá separar del amor de Dios, que es en Cristo Jesús, Señor nuestro.

4. ¿CÓMO SE LLEGA A SER DE LA IGLESIA DE DIOS?

L A IGLESIA DEL DIOS VIVIENTE
1 Ti. 3:14,15

[14]*Esto te escribo, aunque tengo la esperanza de ir pronto a verte,* [15] *para que si tardo, sepas cómo debes conducirte en la casa de Dios, que es la* ***iglesia del Dios*** *viviente, columna y baluarte de la verdad.*

En las dos anteriores exposiciones he mostrado, de manera breve y superficial, la importancia de pertenecer a la comunidad que el apóstol llama la Iglesia del Dios viviente. A la luz de lo que vimos en la anterior exposición, quienes pertenecen a la Iglesia del Dios viviente deben ser personas sumamente gozosas, y agradecidas con Dios, aun en medio de las peores calamidades físicas que afectan la subsistencia en este mundo. ¿Por qué? Porque no hay comunidad en el universo entero más privilegiada que la Iglesia del Dios viviente. Pero quienes no pertenecen a ella, aunque estén gozando de las mejores comodidades que Dios otorga en este mundo, deben preocuparse por procurar pertenecer a ella, puesto que su gozo se puede convertir en lamento, y su comodidad en tormento en el momento menos esperado. Así que, preste atención a la respuesta que la Biblia da al interrogante: ¿Cómo pertenecer a la Iglesia del Dios Viviente?

❖ Por mérito del Señor Jesucristo

Quienes desean pertenecer a la Iglesia del Dios Viviente, deben saber que no se pertenece a ella por mérito propio, sino por mérito del Hijo de Dios, en virtud de la gracia de Dios, mediante la fe, Ef. 2:8,9. ¿Qué es la gracia de Dios? La gracia de Dios es la disposición de Dios en hacer bien a seres que no merecen si no el justo castigo por haber pecado contra Él. Trataré de mostrarles esto en el transcurso de esta sección. Comenzaré diciéndoles lo siguiente: la vida en cualquier condición, es gracia de Dios, porque la paga del pecado es muerte, Ro. 6:23. Cada respiro, cada bocado de pan, cada sorbo de agua, que cualquier pecador disfruta es gracia de Dios, pues lo único que merece quien ha pecado contra Dios es la muerte.

Desde Adán en adelante, todos los seres humanos nos dedicamos a pecar contra Dios desde el comienzo de nuestra vida. Cada uno de nosotros nos hicimos, voluntariamente esclavos del pecado y siervos del Diablo, Ef. 2:2,3; Jn. 8:34. Nadie puede decir que no ha pecado contra Dios. ¿Podría usted decir que no ha pecado contra Dios? Permítame ayudarle a considerarlo con las siguientes interrogantes:

1. ¿Ha amado a alguien o a algo más que a Dios? Mt. 10:37; ¿Ha preferido, obedecido a alguien o algo en lugar de Dios? Ex. 20:3; Jn. 14:15; 21,23; 1 Jn. 2:3,4
2. ¿Ha adorado, invocado, rezado a alguien diferente a Dios? ¿Ha adorado a Dios a su manera ignorando o pasando por alto las instrucciones que Dios ha dado en su palabra para ello? Ex. 20:4,5; Col. 3:5,6; Ro. 1:18-24
3. ¿Ha usado el nombre de Dios como un dicho, o lo ha mencionado para sustentar algo que no es cierto? ¿Ha hablado en nombre de Dios lo que Dios no ha dicho? ¿Simplemente ha sido indiferente a Él o a su palabra? Ex. 20:7; Mr. 7:7; Jer. 14:14
4. ¿Ha empleado el día del Señor para sus negocios personales, para sus celebraciones personales, para sus pasatiempos, para sus quehaceres domésticos, o simplemente ha estado presente en la adoración de manera fría, distraída e insensible? Ex. 20:8-11; Is. 58:13,14
5. ¿Ha sido desobediente a sus padres? ¿Les ha causado algún disgusto? ¿Los ha abandonado en sus necesidades? ¿Les ha levantado la voz, o les ha exigido más de lo que podían o pueden proveerle? ¿Le da pena como son, como hablan o visten? Ex. 20:12; Pr. 6:20; 10:1; 15:20; 13:1; 23:24
6. ¿Ha contribuido al fallecimiento de algún ser humano a propósito o por descuido suyo? ¿Le ha deseado algún mal a alguien o únicamente ha guardado algún rencor contra alguien? Ex. 20:13; Mt. 5:22; 1 Jn. 3:15; Stg. 2:20
7. ¿Ha deseado alguna mujer que no es su esposa o algún hombre que no es su esposo? ¿Ha alimentado sus deseos íntimos con imágenes inapropiadas? Ex. 20: 14; Mt. 5:28; Pr. 6:28,29
8. ¿Ha tomado alguna vez lo que no le pertenece, o se ha quedado con algo que le prestaron? ¿Ha gastado en algún vicio lo que Dios le ha dado para su sustento, el de su familia, y para que contribuya con

el reino de Dios en este mundo? ¿Ha evadido algún impuesto, o ha sido indiferente con la necesidad de algún prójimo pudiendo suplir o ayudar a suplir su necesidad? Ex. 20:15; Pr. 6:30,31

9. ¿Ha hablado alguna vez de alguna persona lo que no es verdad? ¿Ha dicho lo que no ha oído o lo que ha dicho de lo que ha visto u oído lo ha aumentado o minimizado? Ex. 20:16; Jr. 14:14; Pr. 6:16-19; Ap. 21:8
10. ¿Ha codiciado algo que pertenece a otras personas? ¿Ha sentido disgusto por no tener lo que Dios le ha concedido a otras personas o se ha obsesionado por tenerlo? Ex. 20:17; Dt. 7:25; Jos. 7:21; Pr. 6:25; 23:3; 1 Ti. 6:10.

¿Qué tal salió con este breve examen? Si solo hemos incurrido en una sola de las conductas mencionadas anteriormente, hemos pecado contra Dios, y lo que merecemos es la condenación. ¿Cuál es la condenación justa por el pecado contra Dios? Ro. 6:23; la muerte en este versículo envuelve todas sus expresiones, la espiritual, la física, y la irreversible. Con seguridad, usted y yo, hemos pecado no en una, sino en todas las cosas anteriormente mencionadas. ¿Cómo pues podemos pretender tener méritos para pertenecer a la Iglesia de Dios? Nadie puede pretender pertenecer a la Iglesia de Dios por mérito propio, siendo un pecador.

Para pertenecer realmente a la Iglesia de Dios, primero es necesario haber sido reconciliado con Dios, y para ser reconciliado con Dios es necesario que la paga por el pecado haya sido hecha. ¿Pero cómo podríamos pagar por nuestros pecados si la justicia del cielo exige como paga por el pecado una vida humana sin la más mínima mancha de pecado? Jamás hombre pecador alguno puede pagar por sus pecados, mucho menos por los de otros pecadores. Eso lo puede hacer únicamente alguien que jamás haya pecado. Es por eso que Dios para poder formar su iglesia, Él mismo tuvo que proveer la solución. ¿Cómo? Por medio de su unigénito Hijo. ¿En virtud de qué?

❖ En virtud de la gracia especial de Dios

Para ser de la Iglesia de Dios, necesitamos ser receptores de una gracia especial de parte de Dios. En virtud de su gracia, Dios decidió que su Hijo se hiciera hombre, para que diera su vida por aquellos que había de conformar su Iglesia. Ro. 4:25. Note en lo que el apóstol dice de las bendiciones concedidas a la iglesia que cada una está ligada al Señor Jesucristo. La elección, la predestinación, el rescate, la justificación, la iluminación, la herencia eterna y la garantía de ella; cada una de estas grandes bendiciones están relacionadas con Cristo, Ef. 1:3-14. ¿Merecía alguno de los miembros de la Iglesia de Dios, que el Hijo de Dios, se hiciera hombre y muriera por sus pecados? Absolutamente, no. El Hijo de Dios y todo lo que Él logró en la cruz, dado a la iglesia y a cada uno de quienes pertenecen a ella, fue dado de parte de Dios por pura gracia, sin mérito alguno, de parte de los receptores. El Hijo de Dios es el don de gracia más grande que Dios ha concedido a su iglesia y a quienes pertenecen a ella. Él es la perla de gran precio. El Señor Jesucristo es la gracia especial de Dios, por la cual se llega a pertenecer a la Iglesia del Dios viviente. Pero no hay muchas maneras de recibir esa gracia especial de Dios. ¿Cómo podemos ser receptores de esa gracia especial de Dios?

- **Mediante la fe**

La fe es el único canal mediante el cual la gracia de Dios en Cristo es vertida a los hombres. ¿Pero la fe en qué? No por la fe en la fe, ni por la fe en sus obras personales, ni la fe en la meditación trascendental, sino por la fe en la persona y la obra de Dios en Cristo.

Si usted quiere ser parte de la Iglesia de Dios, necesita y debe creer en la obra que Dios ha hecho por gracia mediante su Hijo Jesucristo. Es únicamente por la fe en el sacrificio del Hijo de Dios que Dios otorga perdón de pecados. A quienes por la fe en Cristo se arrepienten de sus pecados y se apartan de ellos, Dios los perdona, los adopta como sus hijos, les une a su Iglesia y les sella con su Espíritu para heredarles el mundo redimido.

Esa obra que Dios ha hecho, por gracia, mediante su Hijo, es la única por la que nos concede arrepentimiento, perdona nuestros pecados, nos recibe en adopción, nos incluye en su Iglesia, y nos hace herederos de las riquezas celestiales. Dios ha dado a su Hijo para que todo el que en Él cree, no se pierda más tenga vida eterna. Jn. 3:14-18. Eso que Dios ha hecho por gracia mediante su Hijo, el Señor Jesucristo, es lo que la Biblia denomina el evangelio de salvación. El evangelio es el Señor Jesucristo y todo lo que proviene de su obra en la cruz.

Pero debe usted saber que la fe en el Señor Jesucristo no es algo natural en el corazón humano, no se produce por voluntad humana, ni por sí sola. Esta fe es un don de Dios, Ef. 2:8, producto de la obra del Cristo en la cruz; por lo cual también debe saber que no hay posibilidad de tener fe en el Señor

Jesucristo, si no se expone al medio por el cual es dispensada. Por esto, también es necesario que usted sepa cómo obtener la fe en el Señor Jesucristo. Esto es:

❖ Oyendo y creyendo el evangelio

Mencioné, momentos antes, que el evangelio es el Señor Jesucristo y todo lo que proviene de su obra en la cruz. El mensaje que expone el conocimiento del Señor Jesucristo y su obra en la cruz, eso es el evangelio. Cuando algunos de los habitantes de Éfeso, oyeron el evangelio y lo creyeron, fueron sellados, en Cristo, con el Espíritu Santo, como arras de la promesa de la herencia eterna. Ef. 1:13,14. (Según la información que nos provee el apóstol, en estos versículos de su carta, el Espíritu Santo es, a la vez, sello y arras de la promesa de la herencia eterna). Esos que fueron sellados con el Espíritu Santo, fueron quienes conformaron la comunidad que el apóstol llamó en Éfeso, la Iglesia del Dios viviente, 1 Ti. 3:15. ¿Se dio cuenta cómo recibieron, algunos de los efesios, este sello que les insertó en la iglesia de Dios y les garantizó la herencia eterna? Oyendo y creyendo el evangelio. Ef. 1:13,14

¿Quiere usted pertenecer a la comunidad que es la Iglesia del Dios viviente? Dispóngase a oír el evangelio y a creerlo. Oyendo el evangelio tiene la posibilidad de creerlo, porque la fe viene por el oír y el oír por la Palabra de Dios, Ro. 10:17. Quienes no se disponen a oír la predicación del evangelio, no tienen la posibilidad de tener fe en el Señor Jesucristo, Por lo que tampoco tienen la posibilidad de pertenecer a la iglesia de Dios, esto equivale a no ser salvo. Pero quien se dispone a oír el evangelio, tiene la posibilidad de creerlo, y una vez crea el evangelio será sellado o sellada con el Espíritu Santo, como arras de la herencia eterna Ef. 1:13,14. El sello con el espíritu Santo es garantía de haber sido escogido en Cristo, para ser santo y sin mancha delante de Dios, predestinado, en Cristo, para ser adoptado hijo de Dios, redimido del poder de Satanás, e indultado por la sangre de Cristo, receptor y poseedor del evangelio, y heredero, en Cristo, de la eterna gloria de Dios, en el mundo redimido; heredero de la gloria de Dios en el mundo sin diablo, sin pecado y sin calamidad alguna. Un mundo donde los recursos serán inagotables, la prosperidad sin fin y la felicidad absoluta. Esta realidad está garantizada únicamente para quienes pertenecen a la Iglesia del Dios Viviente.

5. DEMANDAS DE DIOS A QUIENES HAN DE PERTENECER A LA IGLESIA DEL DIOS VIVIENTE

LA IGLESIA DEL DIOS VIVIENTE

1 Ti. 3:14,15

[14]*Esto te escribo, aunque tengo la esperanza de ir pronto a verte,* [15]*para que si tardo, sepas cómo debes conducirte en la casa de Dios, que es* ***la iglesia del Dios viviente****, columna y baluarte de la verdad.*

Por lo general toda comunidad tiene unas normas mínimas para entrar a ella y permanecer en ella. Esas normas dependen de la naturaleza y carácter de la comunidad. La Iglesia de Dios no es la excepción. Dios ha establecido unas demandas mínimas para quienes han de conformar su Iglesia y permanecer en ella. Dijo el apóstol a Timoteo:

Esto te escribo... para que sepas como debes conducirte en la casa de Dios que es ***la iglesia del Dios viviente****, columna y baluarte de la verdad.*

La cláusula: "para que sepas como debes comportarte en la casa de Dios que es la Iglesia del Dios Viviente", implica que hay normas específicas en la Iglesia de Dios. Sin duda, estas normas regulan su entrada y permanencia en ella. Esas demandas corresponden a la naturaleza y carácter de la Iglesia de Dios.

Por su naturaleza y carácter, la iglesia no es una comunidad abierta en cuanto a fe y conducta. La iglesia está delimitada por ciertos principios de fe y conducta, trazados por la palabra de Dios, que la identifican y la distinguen de las demás comunidades religiosas. Estos principios fueron establecidos por su fundador y dueño (Ef. 5:23; Co. 1:18) Tales principios de fe y conducta, por ejemplo, permiten a la iglesia saber a quienes recibir, con quienes cuenta, y a quienes expulsar de su seno.

En la anterior exposición vimos, a la luz de la Escritura, que no se pertenece a la Iglesia de Dios por mérito propio, sino por los méritos del Hijo de Dios, en virtud de la gracia de Dios mediante la fe en el evangelio. No obstante, creer el evangelio implica ciertas demandas a las que un individuo debe responder, para ser reconocido y recibido como miembro de la Iglesia de Dios. Sin respuestas evidentes a esas demandas del evangelio, ningún individuo debe tenerse como miembro de la Iglesia de Dios en ningún sentido. En la siguiente referencia tenemos algunos datos al respecto.

Hch. 2:36-42

36 Sepa, pues, ciertísimamente toda la casa de Israel, que a este Jesús a quien vosotros crucificasteis, Dios le ha hecho Señor y Cristo.

37 Al oír esto, se compungieron de corazón, y dijeron a Pedro y a los otros apóstoles: Varones hermanos, ¿qué haremos?

38 Pedro les dijo: Arrepentíos, y bautícese cada uno de vosotros en el nombre de Jesucristo para perdón de los pecados; y recibiréis el don del Espíritu Santo.

39 Porque para vosotros es la promesa, y para vuestros hijos, y para todos los que están lejos; para cuantos el Señor nuestro Dios llamare.

40 Y con otras muchas palabras testificaba y les exhortaba, diciendo: Sed salvos de esta perversa generación.

41 Así que, los que recibieron su palabra fueron bautizados; y se
añadieron aquel día como tres mil personas.
42 Y perseveraban en
la doctrina de los apóstoles, en la comunión unos con otros, en el partimiento del pan y en las oraciones.

- **Contexto del texto**

Antes de indicar las demandas de Dios para quienes han de ser insertados a la Iglesia de Dios, veamos el contexto de estos versículos donde las hallamos. Creo que así podemos entender mejor lo que necesitamos saber. ¿Cuál es el contexto de estos versículos? La predicación del evangelio por parte del apóstol Pedro.

- Inauguración de la iglesia en su forma universal

En estos dos versículos, Lucas narra lo que sucedió como resultado de un sermón espontáneo del apóstol Pedro, en Jerusalén, el día que fue la iglesia inaugurada, en su forma neotestamentaria, su forma universal. Este pasaje nos ubica en el comienzo de la conformación de iglesia en su forma neo pactual.

Unos ocho días antes, el Señor Jesucristo, ya resucitado, antes de subir al trono para inaugurar su reino mesiánico redentor, había mandado a los once apóstoles, que se quedaran en Jerusalén, hasta que fueran investidos de poder de lo alto. Lc. 24:49; Hch. 1:4,5. Ellos, en obediencia al Señor, se alojaron en un lugar llamado el aposento alto, donde con María, la madre del Señor Jesús, otras mujeres y otras personas que habían creído en el Señor durante su ministerio (ciento veinte aproximadamente) perseveraban en oración y ruego, Hch. 1:12,13. Esta era la primera iglesia, concreta, en su forma neotestamentaria, hasta ese momento. El aposento alto fue el primer lugar de culto en la forma cristiana neotestamentaria, la primera capilla.

[1]Un primer día de la semana, el día cuando comenzaba, la fiesta de la
recolección de la cosecha. Ese día, los doce apóstoles, y los
demás discípulos del Señor, estaban todos unánimes juntos.[2] Y de
repente vino del cielo un estruendo como de un viento recio que
soplaba, el cual llenó toda la casa donde estaban sentados; [3] y se
les aparecieron lenguas repartidas, como de fuego, asentándose
sobre cada uno de ellos.[4] Y fueron todos llenos del Espíritu
Santo, y comenzaron a hablar en otras lenguas, según el Espíritu
les daba que hablasen. Hch. 2:1-4.

[5] Para esa fecha en Jerusalén estaban de visita, judíos, devotos, de
todas las naciones bajo el cielo.[6] Al oír el estruendo de lo que
estaba sucediendo, se juntaron en multitud frente al aposento
alto, y los que se aglomeraron estaban confusos, porque cada uno
les oía hablar en su propia lengua. [7] Estaban atónitos y
maravillados, diciendo: Mirad, ¿no son galileos todos estos que
hablan?

Los galileos no eran personas tenidas en alta estima. Para los demás judíos, ser galileo era como ser boyacense o pastuso en Colombia; tachirense, en Venezuela, o texano en los Estados unidos. Les asombraba que siendo galileos les estaban oyendo hablar en el idioma de donde cada uno procedía. Asombrados decían:

[8]¿Cómo, pues, les oímos nosotros hablar cada uno en nuestra lengua
en la que hemos nacido? [9] Partos, medos, elamitas, y los que
habitamos en Mesopotamia, en Judea, en Capadocia, en el Ponto
y en Asia, [10] en Frigia y Pánfila, en Egipto y en las regiones de
África más allá de Cirene, y romanos aquí residentes, tanto
judíos como prosélitos, [11]cretenses y árabes, les oímos hablar en
nuestras lenguas las maravillas de Dios.[12] Y estaban todos
atónitos y perplejos, diciéndose unos a otros: ¿Qué quiere decir
esto? [13] Más otros, burlándose, decían: Están llenos de mosto.

Lo que hablaban los discípulos galileos en los idiomas de los visitantes, probablemente era el evangelio del Señor Jesucristo, de su obra en la cruz, y la gracia para todas las naciones. De manera sobrenatural, Dios estaba mostrando que el evangelio sería llevado a todas las naciones, y predicado en todas las lenguas.

- Predicación del evangelio por parte de Pedro

El apóstol Pedro reaccionó a esta voz, y poniéndose de pie e inspirado por el Espíritu Santo, comenzó a predicar, mostrando por las Escrituras, cuál era la verdadera causa de lo que estaba sucediendo. La primera Escritura que citó, fue Joel 2:28-32. Dijo que lo que estaba sucediendo era lo que había dicho el profeta Joel. (Aunque cita toda la profecía de Jl. 2:28-32, lo que sucedió en pentecostés, fue solo la primera parte de la profecía, la segunda parte es lo que acompañara la segunda venida del Señor Jesucristo). Luego, el apóstol procedió a mostrarles por los hechos y la Escritura, específicamente el Salmo 16:8-11, y el Salmo 110:1, (Hch. 2:22-35) que Jesús de Nazaret a quien Dios acreditó, con señales y prodigios, por determinación del consejo de Dios, fue entregado a ellos, quienes lo arrestaron y mataron, por manos de inicuos, crucificándole. No obstante venciendo la muerte por el poder de Dios, resucitó y ascendido al trono, a la diestra de Dios Padre, quien le había dado la promesa de derramar su Santo Espíritu sobre sus discípulos. Ese Jesús, resucitado y sentado a la diestra del Padre, es quien derramó lo que estaban viendo y oyendo. Hch. 2:32 y 33. Esta es la primera aplicación del sermón del apóstol.
En la segunda aplicación, el apóstol les dijo que no les quedara duda, que ese Jesús a quien habían crucificado, Dios le ha hecho Señor y Cristo. Hch. 2:36.
Sepa, pues, ciertísimamente toda la casa de Israel, que a este Jesús a quien vosotros crucificasteis, Dios le ha hecho Señor y Cristo.
Esas palabras estremecieron el corazón de algunos de los que escuchaban el sermón. La imagen de quien habían hecho crucificar, ahora, resucitado y sentado en la más alta magistratura del universo, les sacudió el alma. Se hallaron culpables, perdidos, sin saber por dónde escapar.
Inmediatamente preguntaron a Pedro y a los demás apóstoles: varones hermanos, ¿qué haremos? Hch. 2:37c. Como respuesta a esta angustiosa interrogante, el apóstol les planteó las siguientes demandas: Pedro les dijo:
Arrepiéntanse, y bautícese cada uno de ustedes en el nombre de Jesucristo, para el perdón de sus pecados, y recibirán el don del Espíritu Santo.
Hch. 2:38. Con estas palabras el apóstol plantea las demandas de Dios, para toda persona que ha de pertenecer a su Iglesia.

❖ Demandas del evangelio para quienes han de ingresar a la Iglesia de Dios

¿Cuántas y cuáles son las demandas de Dios, mencionadas, por Pedro, para quienes han de ingresar a la Iglesia de Dios? Son dos: arrepentimiento, y bautismo en el nombre del Jesucristo. ¿Para qué debía arrepentirse y bautizarse? Para que sus pecados fueran perdonados y recibieran el Espíritu Santo. Ah, pero aquí no dice que las demandas fueran para pertenecer a la iglesia. ¿Qué pasó con quienes se arrepintieron y fueron bautizados, como lo había demandado el apóstol Pedro? Se añadieron a la iglesia. Esto significa que sin arrepentimiento y bautismo, en el nombre del Señor Jesucristo, Dios no perdona los pecados de ninguna persona, ni le concede el don de su Santo Espíritu. Lo que a su vez significa que sin perdón de pecados y sin el don del Espíritu Santo no es posible ser insertado a la Iglesia de Dios. Veamos demanda por demanda, procurando comprender lo que significa cada una. ¿Cuál es la primera demanda planteada por el apóstol para quienes han de ser de la Iglesia de Dios?

- Arrepentimiento

Cuando ellos preguntaron: varones hermanos: ¿qué haremos?, Pedro les dijo: Arrepiéntanse. El arrepentimiento es la primera demanda del evangelio, para ser insertado a la Iglesia de Dios. ¿Qué es el arrepentimiento? El arrepentimiento es un acto que implica un movimiento de ciento ochenta grados. Implica dejar de ir en contra del Señor Jesucristo, para ir en pos de Él. En este caso específico, ellos debían arrepentirse de la incredulidad que les había hecho partícipes de la muerte del Señor Jesucristo. Recordemos que la audiencia del apóstol estaba conformada por judíos devotos, consagrados a las creencias religiosas, tradicionales, de los judíos, (2:5) y por gentiles convertidos a esas mismas creencias. No eran personas a quienes pudiese demostrárseles fácilmente culpabilidad de pecados escandalosos relacionados con la ley de Dios. Eran culpables de haber hecho de las Escrituras una religión espiritualmente vacía. Pero lo que les conmovió, en este caso, fue que se hallaron convictos ante el sexto mandamiento, y nada menos que del más grande de los homicidios que se hayan cometido en este mundo: el asesinato del Hijo de Dios. Muchos de ellos habían gritado; crucifícale, crucifícale. Debían arrepentirse de haber rechazado al Señor Jesucristo, y de haberlo hecho crucificar. Hch. 2:23.

Probablemente hoy alguno dirá: pero yo, no soy culpable de tal magnicidio, yo no era uno de quienes gritaban, crucifícale, crucifícale. Déjame decirle que toda persona que no cree en el Señor Jesucristo, es culpable de la crucifixión del Señor Jesucristo. Quienes habiendo oído de la obra del Señor Jesucristo en la cruz, permanecen en incredulidad, Dios les cargará la culpa de la muerte de su Hijo; aunque hayan vivido una vida moralmente limpia, eso será suficiente para su condenación eterna. Lo mismo, para quienes participan de la cena cristiana, subestimando el carácter de la Iglesia de Dios, (1Co. 11:22, 27). Quienes no respetan la iglesia como lo que es, sino que la ven y hacen de ella un escenario para exhibir su clase social, también serán culpados de la muerte del Señor, si no se arrepienten, sometiéndose a la segunda demanda; pues no es suficiente la primera demanda. La segunda demanda, es el resultado de la primera; sin esta segunda, la primera resulta vana. ¿Cuál es la segunda demanda mencionada por el apóstol Pedro, para ser auténticamente miembro de la Iglesia de Dios?

- Bautismo en el nombre del Señor Jesucristo

¿Qué significa bautizarse en el nombre del Señor Jesucristo? Bautizarse en el nombre del Cristo, no es una fórmula ritual, como lo creen los Solo Jesús. No es meramente ser sumergido en el agua y que el ministro que efectúa el acto le diga: te bautizo en el nombre del Señor Jesucristo. Bautizarse en el nombre de Cristo, pera ellos significaba, reconocer que Jesús de Nazaret es el mesías, y rendirse a Él como Señor y Cristo. La audiencia del apóstol en este caso, estaba conformado por personas que creían en el verdadero Dios, pero tenían una concepción errada del mesías, salvador, prometido.

Bautizarse en el nombre del Señor Jesucristo les demandaba, también reconocer que eran pecadores, y que no hay nada ni nadie, por qué o por quién Dios les podía perdonar sus pecados, fuera del Señor Jesucristo y su obra en la cruz, por lo cual tenían que estar dispuestos a sumergirse, por la fe, en la doctrina del Señor Jesucristo y su muerte en la cruz. Esto implica aceptar y creer lo que el Señor Jesucristo enseñó en cuanto a la participación del Padre, y la del Espíritu Santo en Su obra redentora. No contradice lo que el Señor Jesucristo dijo en Mt. 28:19,20

Hoy, ser bautizado en el nombre del Señor Jesucristo, implica que usted está dispuesto, determinado a renunciar a sus pecados o a sus tradiciones religiosas para seguir al Señor Jesucristo y a revestirse de su justicia, mediante la fe en su obra en la cruz, obedeciendo su palabra. Note esto en lo que dijo el apóstol Pablo a los Gálatas.

Ga. 3:17

Porque todos los que habéis sido bautizados en Cristo, de Cristo estáis revestidos.

Soteriológicamente hablando, ser bautizado en Cristo equivale a ser revestido de Cristo, y esto significa varias cosas.

Una: Significa ser envuelto en el manto de su justicia y protegido de la condenación por el pecado. Ro.8:1. De acuerdo con esto el bautismo en Cristo incluye el acto de la justificación. Cualesquiera sean sus pecados, religiosos o inmorales, únicamente puede ser absuelto de ellos si usted es en envuelto en los méritos del Señor Jesucristo y su obra en la cruz.

Dos: Ser bautizado en Cristo, significa haber pasado de muerte a vida. Col. 2:12

Sepultados con Él en el bautismo, en el cual fuisteis también resucitados con Él, mediante la fe en el poder de Dios que le levantó de los muertos.

Según lo que dice el apóstol en esta Escritura, el bautismo en Cristo, simboliza el acto de la regeneración. "Sepultados" en este versículo es sinónimo teológico de muerte a un estado de vida, y resucitado se refiere a la recepción de un nuevo estado de vida. Dicho de manera clara y más amplia, ser bautizado en sentido real, significa haber muerto a un estado de vida caracterizado por la incredulidad y desobediencia al evangelio, y resucitar significa haber sido receptor de un estado de vida, capaz de creer y obedecer el evangelio de Cristo.

Tres: Ser bautizado en Cristo, significa haber sido despojado de una vieja manera de vivir y ser revestidos de la vida de Cristo: Ro. 6:4

Porque somos sepultados juntamente con Él para muerte por el bautismo, a fin de que como Cristo resucitó de los muertos por la gloria del Padre, así también nosotros andemos en vida nueva.

A la luz de este versículo, el bautismo en Cristo incluye la conversión y la santificación. La conversión es el primer fruto de la regeneración, su primer movimiento de vida es el arrepentimiento, y continúa con la santificación. El bautismo en Cristo incluye un compromiso de continuidad en el Señor. El verdadero bautizado en Cristo, ya no vive para sí, sino para quien le amó y se entregó por él. Ga. 2:20. Estas tres realidades espirituales se pueden ampliar a siete.

Cuatro: Ser bautizado en Cristo implica ser sumergido y revestido en el Espíritu de Cristo. El Espíritu Santo es quien, sobre la base de la obra de Cristo, efectúa la regeneración, o Nuevo Nacimiento, Jn. 3:3,5; es quien implanta la fe, y provee el poder a la voluntad del creyente para obedecer el evangelio. Ef. 1:13-20.

Cinco: Ser bautizado en Cristo, significa ser sumergido en la persona, la obra y la palabra de Cristo. Esto implica un conocimiento adecuado de la naturaleza, carácter, y obra de Cristo, y la vivencia de, y en, esas verdades.

Seis: Ser bautizado en Cristo significa ser sumergido y revestido del evangelio. Esto significa que lo que uno vive, lo vive en el marco de la doctrina de Cristo y su obra redentora. Implica respirar, hablar, comer, beber evangelio y oler a evangelio. Implica, sentir pensar y andar en el evangelio.

Siete: Ser bautizado en Cristo, también significa ser insertado orgánicamente a la Iglesia de Dios. 1 Co. 12:13

Porque por un solo Espíritu fuimos todos bautizados en un cuerpo, sean judíos o griegos, sean esclavos o libres; y a todos se nos dio a beber de un mismo Espíritu.

¿En cuál cuerpo son bautizados los creyentes? En el cuerpo de Cristo. ¿Cuál es cuerpo de Cristo referido en este caso? La iglesia. La iglesia es el órgano, en el cual habita el Señor Jesucristo y mediante el cual continúa realizando la redención. La iglesia es donde el Espíritu de Cristo está constantemente obrando de manera redentiva, aplicando los méritos de Cristo, para la salvación, preservación y perseverancia de cada uno de sus miembros hasta el fin. Esto lo hace bajo la dirección del Señor Jesucristo, con la palabra de la Escritura, el evangelio, ministrado, mediante la predicación y la interacción de cada miembro, en la medida en que cada uno hace uso de los dones con fidelidad. De manera que, fuera de la iglesia de Dios, hay pocas, por no decir ninguna posibilidad, de poder sobrevivir espiritualmente. Quienes creen en Cristo, arrepentidos, de vivir ajenos a Él, también son sumergidos en su iglesia, insertados en ella, para ser nutridos y dirigidos por el Señor como su cabeza.

El bautismo en agua es únicamente un símbolo de todas estas realidades. ¿De cuáles realidades?

1. De ser envuelto en la justicia de Cristo para ser protegido de la condenación por el pecado. Ro. 8:1. Esto tiene que ver con la redención y justificación.

2. De haber pasado de muerte a vida. (Col. 2:12), esto es de la regeneración o nuevo nacimiento.
3. De haber sido despojado de una vieja manera de vivir y haber sido revestidos de la vida de Cristo: Ro. 6:4, esta es la conversión.
4. De ser revestido en el Espíritu de Cristo; esto se refleja en las virtudes fruto de su presencia.
5. De ser sumergido y revestido del evangelio.
6. De ser sumergido en la persona, la obra y la palabra de Cristo.
7. De ser insertado orgánicamente a la iglesia de Dios. 1 Co. 12:13, para preservación y perseverancia.

Si estas cosas no son reales en la vida de una persona, aunque haya recibido el bautismo en agua, y aunque cuando le bautizaron le hayan dicho que le bautizaban en el nombre de Cristo, aún no está en Cristo, ni pertenece a la iglesia de Dios en su forma esencial, aunque sea miembro de ella en su forma institucional; y si no ha sido insertado en la iglesia de Dios en su forma orgánica aún no ha sido realmente bautizado, por lo cual tampoco es salvo. ¿Por qué? Porque el bautismo real es la salvación. Si alguien ha sido salvo, ha sido envuelto en la justicia de Cristo, regenerado o pasado de muerte a vida, e investido de la vida de Cristo, de su Espíritu, del evangelio, su obra y su palabra, e insertado a la comunidad de redimidos.

6. CARATERÍSTICAS DE QUIENES SON INSERTADOS EN LA IGLESIA DE DIOS I

LA IGLESIA DEL DIOS VIVIENTE
1 Ti. 3:14,15

[14]*Esto te escribo, aunque tengo la esperanza de ir pronto a verte,* [15]*para que si tardo, sepas cómo debes conducirte en la casa de Dios, que es la* ***iglesia del Dios*** *viviente, columna y baluarte de la verdad.*

En el mundo hay comunidades privilegiadas, pero ninguna como la Iglesia de Dios. La única comunidad que Dios ama con amor inmutable es su iglesia. La Iglesia de Dios es la única comunidad a quien Dios ha concedido las más grandes y valiosas bendiciones celestiales, Ef. 1:3-14. La única comunidad que tendrá el privilegio de conocer a Dios en la plenitud de su gloria y vivir en su presencia en la nueva tierra bajo el cielo nuevo, donde no habrá calamidad alguna, los recursos inagotables, la prosperidad sin fin y la felicidad absoluta. 2 P. 3:12; Is. 60:15-22

Hemos visto también cómo llega una persona a pertenecer a la Iglesia de Dios. Nadie puede pertenecer a la Iglesia de Dios por mérito propio; únicamente se puede pertenecer a la Iglesia de Dios por los méritos del Hijo de Dios, en virtud de la gracia de Dios, mediante la fe en el evangelio. De manera que una persona es insertada a la Iglesia de Dios, de manera orgánica, o esencial, en el momento que oye y cree el evangelio.

Pero, ¿cuáles son las marcas de una persona que ha creído verdaderamente el evangelio, puesto que muchos dicen haber creído el evangelio? Hay varios actos que caracterizan a quienes creen el evangelio. La verdadera fe en el evangelio posee ciertas virtudes que la caracterizan. Una de las virtudes generales de la verdadera fe en el evangelio es que responde a las demandas del evangelio. Volvamos al pasaje en el que vimos las demandas y veamos ahora la respuesta de las aproximadas tres mil personas que creyeron el evangelio predicado por el apóstol Pedro.

Hch. 2:36-42

[36] Sepa, pues, ciertísimamente toda la casa de Israel, que a este Jesús a quien vosotros crucificasteis, Dios le ha hecho Señor y Cristo.

[37] Al oír esto, se compungieron de corazón, y dijeron a Pedro y a los otros apóstoles: Varones hermanos, ¿qué haremos?

[38] Pedro les dijo: Arrepentíos, y bautícese cada uno de vosotros en el nombre de Jesucristo para perdón de los pecados; y recibiréis el don del Espíritu Santo.

[39] Porque para vosotros es la promesa, y para vuestros hijos, y para todos los que están lejos; para cuantos el Señor nuestro Dios llamare.

[40] Y con otras muchas palabras testificaba y les exhortaba, diciendo: Sed salvos de esta perversa generación.

[41] Así que, los que recibieron su palabra fueron bautizados; y se añadieron aquel día como tres mil personas.[42] Y perseveraban en la doctrina de los apóstoles, en la comunión unos con otros, en el partimiento del pan y en las oraciones.

Dice Lucas que los que recibieron su palabra, ¿cuál palabra? Lo que Pedro estaba diciendo del Señor Jesús: en cuanto a su muerte, su resurrección, y entronización. Quienes recibieron esta palabra, fueron bautizados; y se añadieron aquel día como tres mil personas. Hch. 2:41. ¿A qué se añadieron esas tres mil personas? Se añadieron a la Iglesia. Ya había una iglesia conformada allí en Jerusalén. ¿Quiénes conformaban esa iglesia? Hch. 1:13-15. Los once y unos ciento ocho creyentes más. Fue a esta asamblea de creyentes que fueron añadidos quienes creyeron el evangelio predicado por el apóstol Pedro, según. Hch. 2:41-42; 1:12-14.

En lo que hicieron estas tres mil personas, tenemos los primeros signos distintivos de quienes son insertados a la Iglesia de Dios. Estos signos caracterizan y autentican a quienes creen verdaderamente el evangelio. Miremos brevemente estos signos.

❖ Signos característicos de quienes en verdad creen el evangelio

Hay varios signos que comienzan a verse en quienes creen el evangelio. Reconocer estos signos, envueltos en los actos que produce la fe en el evangelio, profundiza el entendimiento del proceso redentivo. ¿Cuál es uno de los signos que aparecen en quienes al oír el evangelio creen en Él?

- Aptitud para responder a las demandas del evangelio

La aptitud de una persona para responder a las demandas del evangelio, comienza a manifestarse en dos deseos esenciales básicos. Uno es el deseo de encontrar solución al pecado. El segundo deseo que surge como resultado de la fe en el evangelio es la disposición para corresponder a las demandas del evangelio. En las personas que fueron impactadas por la predicación del evangelio por parte del apóstol Pedro, estos dos deseos los expresaron en la interrogante ¿Qué haremos? Fue la pregunta de quienes fueron redargüidos de sus pecados por la predicación del apóstol Pedro. Esa interrogante implica el deseo de encontrar solución a sus pecados. Ese deseo también implica la disposición de hacer lo que tenga que hacer para resolver el problema del pecado. Este es el primer signo de arrepentimiento. No hay verdadera fe en el evangelio si la persona que lo escucha no tiene un deseo decidido por resolver su pecado. Cuando el evangelio llega al corazón de un pecador, inmediatamente produce una aptitud de arrepentimiento.

Un corazón arrepentido no puede permanecer frio e inmóvil a las realidades anunciadas por el evangelio. La primera reacción de un corazón arrepentido, es el deseo y la disposición de resolver, cuanto antes, su situación ante el Señor Jesucristo. Un corazón arrepentido cree en la resurrección del Señor Jesucristo, y lo ve sentado en su trono celestial, a la diestra del Padre; un corazón arrepentido comprende cuál es el propósito para el cual el Padre lo puso allí después de su resurrección. ¿Sabe usted para qué el Padre Dios sentó a su Hijo Jesucristo a su diestra? La Biblia muestra un doble propósito. Ese doble propósito es salvar a su pueblo, y destruir a sus enemigos.

Un corazón arrepentido, es susceptible a esa realidad; se da cuenta de que la posición a la que ascendió el Señor Jesucristo después de su resurrección, es una posición, invencible, indestronable, e indestructible. Esta visión del Señor en su trono persuade al corazón de que no es sensato continuar en contra de su majestad, y genera el deseo, la disposición, de abandonar el pecado, pedir perdón y rendirse a la voluntad del Señor Jesucristo. Estas son las características de la fe verdadera en el Señor Jesucristo. El deseo de resolver el problema del pecado, conlleva un reconocimiento de la severidad de la justicia de Dios y la gravedad del pecado. La comprensión de estas verdades imprime en el corazón un temor al Señor y a su juicio, pero también imprime una actitud de amor y gratitud a Dios por su obra en la cruz, al saber que por esa obra le perdona el pecado y le hace hijo. Esto fue lo que produjo en las tres mil personas la disposición de corresponder a las demandas del evangelio. El segundo signo que aparece en quienes al oír el evangelio creen en Él es:

- Un sentido de pertenencia

El otro deseo que nace en un pecador que ha oído el evangelio y lo ha creído en verdad, es el de unirse a otras personas que también han creído el evangelio. El deseo de unirse a otras personas que han creído el evangelio es una reacción, natural, inmediata, característica, común a toda persona que ha creído el evangelio.

¿Qué hicieron las aproximadamente tres mil personas que creyeron el evangelio predicado por el apóstol? Se arrepintieron, se bautizaron en el nombre del Señor Jesucristo, y se añadieron a la iglesia. Tres grandes actos caracterizaron la fe en el evangelio que estas tres mil personas manifestaron. Se arrepintieron, se bautizaron, y se añadieron a la iglesia. No se arrepintieron y se quedaron ahí, se arrepintieron y se bautizaron. Pero no solo se arrepintieron y se bautizaron. ¿Qué más hicieron? Se añadieron, a la iglesia. No se añadieron sin arrepentimiento y sin bautismo en el Señor Jesucristo.

¿Cuál es el patrón conductor señalado en esto? Quienes creen el evangelio, se arrepienten de sus pecados, se bautizan reconociendo y sometiéndose al Señor Jesucristo, como su salvador y Señor, y se suman a la iglesia.

Noten que estos deseos no se quedan ahí, en deseos meramente. Los deseos que surgen con la fe en el evangelio, se convierten en hechos. Los que creyeron el evangelio se bautizaron y se añadieron a la iglesia como señal pública de arrepentimiento y fe en el Señor Jesucristo. El libro de los Hechos de los Apóstoles, y las cartas del apóstol Pablo dan evidencia que quienes, en cualquier lugar creyeron el evangelio del Señor Jesucristo, se juntaron para conformar una comunidad local en la cual todos quienes en ese lugar habían creído el evangelio, perseveraban juntos en la vivencia del evangelio en esa iglesia local.

Lo que el Nuevo Testamento registra al respecto es que la verdadera fe en el Señor Jesucristo establece un vínculo fraternal con los demás creyentes. De manera que no puede una persona decir que ha creído el evangelio, y continuar sin estar vinculada fraternalmente a una comunidad local de personas, las cuales hayan creído el evangelio. La iglesia, en la cual la relación entre sus miembros no se caracteriza por el amor fraternal, probablemente no es iglesia de Dios. De igual manera el individuo, miembro, cuyo vínculo con la iglesia no sea fraternal, probablemente no es un verdadero creyente.

7. CARACTERÍSTICAS DE QUIENES PERTENECEN A LA IGLESIA DEL DIOS VIVIENTE II

LA IGLESIA DEL DIOS VIVIENTE
1 Ti. 3:14,15
[14]*Esto te escribo, aunque tengo la esperanza de ir pronto a verte,* [15]*para que si tardo, sepas cómo debes conducirte en la casa de Dios, que es la* ***IGLESIA DEL DIOS VIVIENTE****, columna y baluarte de la verdad.*

Estamos estudiando lo que es la Iglesia de Cristo. Según la eclesiología bíblica, la Iglesia de Cristo es una comunidad singular, compleja, única en este mundo; los rasgos que la caracterizan y autentican son múltiples. La Iglesia de Cristo posee virtudes que no posee ninguna otra comunidad en este mundo y cumple funciones que ninguna otra comunidad en el mundo puede cumplir. Comprenderemos esto, en la medida en que avancemos en el estudio de las maneras como es descrita por el Espíritu Santo, en la Escritura.

En esta Escritura que acabamos de leer, la iglesia es descrita de cuatro maneras diferentes. Hemos considerado la primera, ¿Cuál es la primera descripción de la iglesia de Dios mencionada en 1 Ti. 3:15? La iglesia como casa de Dios. Estamos considerando la segunda: la iglesia como propiedad de Dios. De esta denominación hemos visto, el origen del término iglesia, el distintivo particular dado al término, el singular amor de Dios por su iglesia, cómo se llega a pertenecer a la iglesia de Dios y demandas de Dios a los que han de pertenecer a su iglesia. A partir de esta denominación, desde la anterior exposición comenzamos a ver las características de quienes pertenecen a la Iglesia de Dios. Vamos a ver otros detalles sobre esto mismo.

Hch. 2:41,42

41 Así que, los que recibieron su palabra fueron bautizados; y se añadieron aquel día como tres mil personas.**42** Y perseveraban en la doctrina de los apóstoles, en la comunión unos con otros, en el partimiento del pan y en las oraciones.

Estos versículos hablan de la manera como respondieron quienes creyeron el evangelio, en la ciudad de Jerusalén. La manera como esas personas respondieron al evangelio, en esa ocasión, es el patrón seguido por cuantos creen el evangelio en cualquier parte del mundo.

Permítanme devolverme un poco y recordarles que lo que leemos en este pasaje ocurrió el día en que el Señor Jesucristo inauguró su iglesia en su forma neotestamentaria. Hasta ese momento la iglesia estaba conformada por unas ciento veinte personas que habían creído en el Señor Jesús, Hch. 1:12-15. Era un primer día de la semana, el día cuando se inauguraba la fiesta de la cosecha. Dice el narrador bíblico, que ese día los apóstoles, con otros discípulos del Señor, estaban unánimes juntos. Hch. 2:1: esto quiere decir que estaban reunidos realizando actividades en común y con la misma actitud, cuando de repente vino del cielo un estruendo como de un viento fuerte que soplaba y llenó la casa donde estaban. Ese estruendo fue causado por la presencia del Espíritu santo. Hch. 2:2-4. Debido al estruendo causado por la irrupción del Espíritu Santo en el culto matutino que la iglesia estaba realizando, muchas personas se juntaron para ver lo que pasaba. Hch. 2:5-13

Ante esa multitud curiosa, el apóstol Pedro se levantó a predicarles. En su sermón les habló de los tres pilares del evangelio: la muerte, la resurrección y la entronización del Señor Jesucristo. En su sermón, Pedro no se puso con rodeos, sabía quiénes conformaban su audiencia, y fue directo a sus conciencias (en este proceder del apóstol hay principios de evangelismo que debemos tener muy en cuenta); comenzó acusándolos de ser culpable de la muerte del Señor, y les mostró que a ese Jesús que habían matado, Dios lo resucitó, y lo sentó a su diestra como rey sobre los cielos y la tierra. Esto les conmovió. Al contemplar a aquel a quien habían hecho crucificar, sentado en el más alto trono del universo, comprendieron la magnitud del problema en que estaban. Se vieron bajo el juicio de aquel que habían hecho crucificar. Angustiados, preguntaron ¿Qué haremos? Pedro les leyó las dos demandas fundamentales del evangelio.

¿Recuerdan cuáles son las dos demandas fundamentales del evangelio? El arrepentimiento y el bautismo en el nombre del Señor Jesucristo. Pedro les dijo: arrepiéntanse y bautícense en el nombre de Jesucristo. Las dos cosas, no una sola. Arrepentirse y bautizarse en el nombre del Jesucristo implica más que abandonar la inmoralidad, implica también abandonar la confianza en la justicia propia, reconocer que Jesús de Nazaret es el Cristo, acogerse a su justicia sustitutoria y someterse a su régimen mesiánico redentivo. Esto es lo que el apóstol Pedro le estaba demandando a su audiencia cuando les

dijo arrepiéntanse y bautícense en el nombre de Jesucristo. Esto es lo que significa creer el evangelio. Creer el evangelio implica abandonar el pecado, la fe en la justicia personal, reconocer que Jesús de Nazaret es el Cristo, acogerse a su justicia sustitutoria y someterse a su régimen mesiánico redentivo.
¿Cuántas personas, aproximadamente, creyeron en esa ocasión el evangelio? Unas tres mil personas.

❖ ¿Cómo se supo quienes creyeron el evangelio ese día?

Por lo que cada uno de los que creyeron hizo inmediatamente, y también por lo que continuaron haciendo. ¿Qué hicieron inmediatamente quienes creyeron el evangelio ese día? Se arrepintieron, se bautizaron y se añadieron a los que ya habían creído el evangelio; es decir, se añadieron a la iglesia. En estas tres acciones encontramos los dos primeros signos distintivos de quienes creen el evangelio. Lo vimos en la exposición anterior.
¿Recuerdan cuáles son los dos primeros signos característicos de quienes en verdad creen el evangelio del Señor Jesucristo? Los dos primeros signos que surgen en quienes en verdad creen el evangelio, son: aptitud para responder a las demandas del evangelio y un sentido de pertenecía que se manifiesta en amor fraternal hacia los demás creyentes. Este amor fraternal que nace con la fe en el Señor Jesucristo es lo que motiva e impulsa a los que creen el evangelio a unirse a otros creyentes formando congregaciones locales para perseverar juntos en la vivencia del evangelio. Este es el patrón característico desde el comienzo de la iglesia en su forma neotestamentaria.
La aptitud para responder a las demandas del evangelio, y el afecto fraternal entre creyentes son virtudes propias de la fe en el evangelio; por tanto son distintivos esenciales de los verdaderos miembros de la Iglesia de Dios. Estas virtudes son a la vez, la causa subjetiva de las iglesias locales; la fuerza de cohesión entre sus miembros, y la energía que mantiene la dinámica de la iglesia.
La disposición para responder a las demandas del evangelio, inicialmente, se manifiesta mediante el arrepentimiento y el bautismo en el Señor Jesucristo, simbolizado, mediante el bautismo en agua, el cual significa la entrega total a la voluntad del Señor Jesucristo. El amor fraternal, en el nuevo creyente, comienza a manifestarse en la inclinación a vincularse con los demás creyentes, dando origen a una iglesia local, o

vinculándose a una ya existente. Pero a partir de este paso, la disposición para responder a las demandas del evangelio y el afecto fraternal continúa manifestándose. ¿De qué manera? Volvamos al texto bíblico para ver eso a la luz de su testimonio.

41 Así que, los que recibieron su palabra fueron bautizados; y se
añadieron aquel día como tres mil personas.
42 Y perseveraban en
la doctrina de los apóstoles, en la comunión unos con otros, en el
partimiento del pan y en las oraciones.

¿Qué continuaron haciendo quienes allí creyeron el evangelio? Perseveraban en cuatro actividades fundamentales específicas. ¿Cuáles son esas actividades en las que perseveraban los que creyeron el evangelio?

1. La doctrina de los apóstoles
2. La comunión unos con otros
3. El partimiento del pan
4. En las oraciones

Estas actividades son distintivos propios de toda verdadera Iglesia de Dios. Veamos brevemente cada una de estas actividades de manera breve.

❖ Perseveraban en la doctrina de los apóstoles

¿Qué significa esto? Esto significa, que en los que creyeron el evangelio, también nació una disposición continua por conocer y comprender con mayor profundidad y amplitud lo concerniente a la persona y obra del Señor Jesucristo, de manera que el Espíritu Santo se la había dado a entender a los apóstoles. Los apóstoles fueron los hombres especial y oficialmente nombrados y facultados por el Señor Jesucristo para entender y enseñar la verdad en cuanto al Señor Jesucristo y su obra redentora. Fue a los apóstoles a quienes el Señor Jesucristo les prometió que el Padre enviaría el Espíritu Santo en su nombre para que les enseñara todas las cosas que la Escritura dice de Él, y para que les recordara lo que de Él habían visto y oído. Jn. 14:25,26; 16:12-15; Hch.1:1-3; 1 Jn. 1:1-3. Los que creyeron lo que el apóstol Pedro predicó del evangelio allí en Jerusalén, el día de pentecostés, experimentaban un interés constante por conocer, comprender y vivir el evangelio, tal como lo comprendieron y lo vivían los apóstoles del Señor Jesucristo.

Perseveraban en la doctrina de los apóstoles, significa que la verdadera fe en el evangelio trae en sí, la constante disposición para conocer, comprender y vivir el evangelio tal como lo comprendieron y lo vivieron los apóstoles del Señor Jesucristo. La pregunta que debemos hacernos hoy cada uno, es ¿hay en mi esa disposición constante? ¿Cuál disposición? La de conocer, entender y vivir el evangelio tal como lo comprendieron, lo vivieron y lo enseñaron los apóstoles del Señor Jesucristo. ¿Qué interés hay en usted por comprender la naturaleza y el carácter del Señor Jesucristo y su obra redentora? ¿Qué tanto empeño y que tan constante es su interés por conocer, comprender y vivir la palabra de Dios? Si alguien se denomina creyente, pero no hay en él esta disposición constante, debe dudar de la autenticidad de su fe en el Señor Jesucristo.

❖ Perseveraban en la comunión unos con otros

¿Qué significa esto? Significa que se gozaban estando juntos; disfrutaban del compañerismo con los demás creyentes; Disfrutaban hablando unos con otros de lo que aprendían de los apóstoles en cuanto al Señor Jesús. Significa también que disfrutaban sirviéndose mutuamente con lo que poseían. La fraternidad era característica notable entre quienes habían creído el evangelio. Cada creyente tenía corazón para los demás creyentes, las barreras causadas por los prejuicios y las presunciones de ser más digno o mejor que otros creyentes no tenían lugar en la convivencia entre ellos. Como lo anota Lucas:
Hch. 4:32
La multitud de los que habían creado eran de un corazón y un alma, y ninguno presumía ser suyo propio nada de lo que poseía.
Igualito a lo que se ve en la iglesia de hoy. ¿Es igualito a lo que se ve en su iglesia?

❖ Perseveraban en el partimiento del pan

El partimiento del pan, aquí en Hch. 2:42, se refiere primariamente a la cena. Para esos creyentes la Cena del Señor no era meramente un rito litúrgico formal, no era algo opcional, era sagrada, era la conmemoración real de su redención en Cristo. Para esos creyentes la cena era algo sentido, era el medio y el momento en el que el corazón de ellos se ensanchaba de regocijo en el Señor Jesús y su obra redentora. La Cena era una verdadera celebración que ninguno deseaba perder. Era el medio y el momento con y en el que sus almas se alimentaban de manera gráfica del Señor Jesucristo. Esos creyentes experimentaban una expectativa por la Cena del Señor,

como la expectativa que muchos experimentan hoy por la cena de navidad. Hoy muchos creyentes manifiestan una expectativa más apasionada por la cena navideña, la del padre, la de la madre o la de cumpleaños, que por la Mesa del Señor. En la actualidad, para algunos, la cena es tan importante que prefieren ausentarse de ella para atender la invitación a cenar en el restaurante. Otros la sustituyen por las películas vespertinas del domingo, o por el partido de la selección o el de su club deportivo favorito.
Permítanme decirles que cuando una persona toma la Cena del Señor únicamente cuando se le antoja, no ha entendido el evangelio, no ha entendido el valor del sacrificio de Cristo para su vida. Tal actitud ante la cena del Señor es insensible, frívola, profana. Tomar la Cena del Señor con tal actitud es profanar las verdades que se simboliza en la ordenanza. Quien, de esta manera, subestima la Mesa del Señor, su fe en el evangelio debe ser cuestionada.
Pero esta perseverancia en el partimiento del pan, también incluye los ágapes. Los ágapes eran comidas comunitarias, almuerzos o cenas de confraternidad que los hermanos preparaban en sus casas donde comían juntos con alegría y sencillez de corazón. Hch. 2:46; 4:32. Esto significa que comían sin presunciones, sin escrúpulos, y sin prejuicios.

❖ Perseveraban en las oraciones

La cuarta actividad, característica de la fe verdadera en el evangelio, es la constancia en la oración, tanto privada como corporativa. La oración es el hálito del alma espiritualmente viva. La oración para el alma es como la respiración para el cuerpo. El alma espiritualmente viva ora constantemente, como el cuerpo respira constantemente ¿Cada cuánto respira usted? ¿Cada ocho días? ¿Cada veinticuatro horas? Ni siquiera cada hora. La oración en el verdadero creyente es algo natural constante, ora al levantarse y al acostarse; ora mientras trabaja, mientras descansa, mientras camina, mientras habla, mientras escucha. Se puede afirmar que una persona que no ora no es un verdadero creyente.
Pero también hay que advertir, que aunque la oración en el verdadero creyente, en un sentido es algo natural, también hay infecciones que la atacan y la obstaculizan. Una de las infecciones que obstaculizan la oración es la falta de sabiduría de los esposos en la convivencia con su esposa. 1 P.3:7. Cuando un esposo no trata a su esposa como debe hacerlo, reconociendo su igualdad y diferencia, eso obstaculiza sus oraciones,

restringe su capacidad de orar. De este mismo texto se puede inferir inequívocamente que todo comportamiento indebido en cualquier relación con otras personas se convierte en una infección que obstaculiza el orar. El poco ejercicio en la piedad afecta la capacidad para orar. Otra infección que obstaculiza el ejercicio de la oración es la falta de conocimiento de la importancia de la oración, y el desconocimiento de los motivos bíblicos para orar.

No obstante hay algo más que debemos entender sobre la oración. Si bien la oración en el creyente, en un sentido, es como la respiración al cuerpo, también es como el agua. Todo ser vivo respira automáticamente, no como un acto de la voluntad, sino como una actividad propia de la vida. El creyente verdadero, en un sentido experimenta constantemente la oración como una reacción natural de la vida espiritual; la vida espiritual lo impulsa a orar, en todo momento, por todo. En este sentido la oración para el creyente es como el aire para el organismo vivo. Pero en otro sentido, la oración es como el agua; el cuerpo la necesita, pero no se sirve de ella sin la intervención consciente de la voluntad. Para que podamos disfrutar de los beneficios del agua, tenemos que tomar el vaso, ir al grifo, llenar el vaso y beber el agua. Esto debemos hacerlo periódicamente. Si no lo hacemos nuestro cuerpo se deshidrata. Algo similar experimenta el alma espiritualmente viva con la oración, en cierto sentido. Si no oramos periódicamente, el alma se deshidrata. Esta es la razón por la que la Escritura manda a los creyentes a orar. Hay una tendencia a descuidar la oración en este sentido. Todo verdadero creyente ora naturalmente de manera constante e instintiva, pero pocos creyentes oran de manera disciplinada.

Los creyentes a los que se refiere Lucas en Hch. 2:42, además de experimentar la oración como algo natural, oraban de manera disciplinada. La oración para ellos también era una disciplina corporativa. Los creyentes en conjunto son el cuerpo de Cristo, entonces la verdadera Iglesia de Cristo ora corporativamente, la oración es el oxígeno del cuerpo de Cristo, su iglesia. Antes de que el Espíritu Santo descendiera de manera especial, la iglesia ya oraba de manera corporativa y constante, Hch. 1:12-14. Sin duda esta disciplina fue mucho más constante después de que el Espíritu descendió oficialmente. Una evidencia de ella, la hallamos en Hch. 4:24-30. El punto es que para la Iglesia de Cristo la oración es una disciplina corporativa constante. Se reúne con frecuencia para orar. De manera que se puede decir que una iglesia que no ora corporativamente, que no se reúne para orar, es una iglesia muerta, probablemente no es verdadera Iglesia de Cristo. También se puede afirmar que las personas que se denominan miembros de la iglesia, pero no les importa la oración corporativa, es decir, quienes no se reúnen para orar juntos con los otros miembros, lo más probable es que no sea un verdadero creyente.

8. DISTINTIVOS ESENCIALES DE QUIENES SON INSERTADOS EN LA IGLESIA DE DIOS

LA IGLESIA DEL DIOS VIVIENTE
1 Ti. 3:14,15
[14]*Esto te escribo, aunque tengo la esperanza de ir pronto a verte,* [15]*para que si tardo, sepas cómo debes conducirte en la casa de Dios, que es la* ***iglesia del Dios viviente,*** *columna y baluarte de la verdad.*

El Banco de la República ha puesto en circulación una nueva edición de billetes. Para prevenir a los ciudadanos de ser víctimas de las falsificaciones, el gobierno ha hecho una campaña enseñando a la población a reconocer los signos que garantizan la autenticidad de cada billete. Quienes subestimemos esa campaña y no seamos diligentes para aprender a conocer esos signos, corremos el riesgo de ser víctimas de un fraude.

Conocer las características que garantizan la genuinidad de la Iglesia de Dios y de quienes pertenecen a ella, es más importante que conocer los signos de los hologramas que garantizan la autenticidad de los nuevos billetes. Satanás y el corazón humano han desarrollado la capacidad de crear falsas iglesia y falsos creyentes. Los dos: Satanás y el corazón pecaminoso, son capaces de hacerle creer a alguien que pertenece a la Iglesia de Dios sin realmente pertenecer a ella; por lo cual si subestimemos lo que las Escrituras enseñan en cuanto a los distintivos de la verdadera Iglesia de Dios y no somos diligentes para aprender a conocer los signos de los verdaderos miembros de ella, corremos el riesgo de ser víctimas del engaño de estos dos agentes fraudulentos: Satanás y el corazón pecaminoso.

Es necesario conocer y entender, por lo menos los rasgos esenciales de la Iglesia de Dios. La siguiente referencia bíblica, nos provee la información necesaria para conocer y comprender en alguna medida los rasgos básicos generales de quienes son hechos miembros de la Iglesia de Dios.

[2.41] Así que, los que recibieron su palabra fueron bautizados; y se
añadieron aquel día como tres mil personas.[2:42] Y perseveraban
en la doctrina de los apóstoles, en la comunión unos con otros, en

el partimiento del pan y en las oraciones...4:32 Y la multitud de los que habían creído era de un corazón y un alma; y ninguno decía ser suyo propio nada de lo que poseía, sino que tenían todas las cosas en común.

La identidad de la iglesia consta de dos grandes aspectos, uno es el institucional y el otro es el orgánico. Uno de estos aspectos de la iglesia le es fácil a Satanás falsificarlo, el otro le es imposible. La Iglesia de Dios es esencialmente orgánica, pero también es institucional. Los dos aspectos se corresponden.

Como institución, la iglesia tiene una estructura de gobierno establecido por el Señor y unos estatutos que la regulan y la rigen. En esta ocasión lo que deseo enseñarles es la importancia de conocer y comprender los signos básicos de quienes son verdaderamente miembros de la Iglesia de Dios. Como organismo, la iglesia tiene unas virtudes o atributos que forman su carácter y la dignifican como el órgano mediante el cual Dios dispensa la gracia redentiva entre sus miembros y hacia los de afuera. En Jerusalén, la iglesia funcionaba como institución, pero tambien como organismo.

La iglesia nace primero como organismo, no como institución, luego se conforma al diseño institucional trazado por el Señor en la Escritura, sin dejar de ser el organismo que es esencialmente.

El aspecto institucional es el marco necesario para el correcto desarrollo y funcionamiento orgánico de la iglesia. No obstante es necesario advertir que aunque el aspecto institucional es importante y necesario para el buen desarrollo de la iglesia, el aspecto orgánico es más valioso. ¿Por qué? Por qué una iglesia local puede permanecer institucionalmente y dejar de serlo orgánicamente. De igual manera un individuo puede pertenecer a la iglesia institucionalmente, y no pertenecer a ella orgánicamente.

Pertenecer a la Iglesia de Dios de manera institucional, y no pertenecer a ella orgánicamente es peor que no pertenecer a ella. Por lo cual cada miembro de la iglesia institucionalmente debe asegurarse de que también lo sea orgánicamente, puesto que no se es verdadero miembro de la Iglesia de Dios, por el solo hecho de ser miembro de ella en su forma institucional. No es suficiente, tampoco es lo mismo, ser miembro de la iglesia institucionalmente y serlo orgánicamente. Hay diferencias.

- **¿Qué diferencias hay entre pertenecer a la iglesia de manera institucional únicamente, y pertenecer a ella en su forma orgánica?**

La Iglesia del Dios Viviente, en su forma orgánica, está conformada únicamente por quienes en verdad han recibido el evangelio de manera salvífica. Cuando el evangelio impacta el alma de manera salvífica, implanta en ella la fe en el Señor Jesucristo y en su obra redentora. La verdadera fe en el evangelio, erradica el dominio del pecado y la confianza en sí mismo. Esa fe viene equipada con la capacidad de confiar en el sacrificio del Señor Jesucristo para el perdón de los pecados, y con la de someter su voluntad a la del Señor Jesucristo de manera inmediata y constante.

Esa fe, además de traer en sí la capacidad de rendirse al Señor Jesucristo de manera grata y gozosa, establece un vínculo con los demás creyentes; este vínculo está implícito en la frase "*se añadieron*" (42) y en las anotaciones "*todos los que habían creído estaban juntos*" (44), y "*perseveraban unánimes cada día en…*" (46). Este vínculo es el que hace que los creyentes constituyan una iglesia local en la cual perseveran juntos en la vivencia del evangelio. El vínculo que la fe en el evangelio establece entre los creyentes, es doble. Es orgánico y a la vez es institucional.

- Distinción entre el vínculo orgánico y el institucional

El vínculo del verdadero creyente con los demás miembros de la iglesia es tanto institucional como orgánico. El vínculo del falso creyente con la iglesia es meramente institucional.

- Características del vínculo meramente institucional

Los individuos que se han hecho miembros de la Iglesia únicamente en la forma institucional, son individuos limitados a las formalidades de la iglesia. Su compromiso con la iglesia no pasa de ser un compromiso formal. Su máxima fidelidad no puede pasar de eso. Pueden incluso ser sumamente celosos de las formalidades religiosas, pero son insensibles a las realidades espirituales, de su propia alma y las de los corazones de sus semejantes creyentes y no creyentes. Los individuos que se han hecho miembros de la Iglesia, únicamente de manera institucional, son individuos indolentes ante las luchas de los demás hermanos; son individuos mordaces e implacables con quienes según ellos no corresponden a sus estándares de santidad. Cuando se dan cuenta del pecado de otro miembro, son inmisericordes en su proceder correctivo, actúan como si no fueran pecadores, contrario al principio bíblico, Ga. 6:1

Los individuos que se han hecho miembros de la iglesia únicamente de manera institucional, son moralistas empedernidos, no son personas piadosas; pueden llegar a ser religiosos fervientes, pero no creyentes fieles piadosamente. Son amantes de la apariencia de la piedad, pero no de la piedad misma. Un ejemplo bíblico de esta clase de personas eran los fariseos. Ellos eran tenazmente amantes y celosos de las formalidades, pero no de la piedad. El Señor Jesucristo les dijo: Mt. 23:23

¡Ay de vosotros,...fariseos, hipócritas! porque diezmáis la menta y el eneldo y el comino, y dejáis lo más importante de la ley: la justicia, la misericordia y la fe. Esto era necesario hacer, sin dejar de hacer aquello.

Los fariseos eran tan amantes de las formalidades que llevaron los mandamientos de Dios a límites que el Señor mismo jamás aprobó. Ni siquiera admitían que en el día de reposo el Señor sanara a un enfermo. Los fariseos eran ortodoxos impíos. Los creyentes nominales, pueden llegar a ser sumamente bíblicos en cuanto a las formalidades, pero esencialmente siguen siendo impíos.

De la misma manera que a los fariseos, el celo despiadado por las formalidades religiosas, los hizo insensibles a las más básicas necesidades del prójimo, también quienes son miembros de la iglesia únicamente de manera institucional, son insensibles a las de su propia sangre, y mucho más a las necesidades de quienes no son de su sangre. El vínculo de estas personas con los demás miembros de la iglesia, es únicamente en cuanto a lo formal, nada diferente al vínculo que hay entre los miembros de una institución, social, deportiva, laboral o académica. No es un vínculo piadoso, espiritual, fraterno.

- Características del vínculo orgánico

La naturaleza de este vínculo, no es únicamente las actividades religiosas, es el mismo Espíritu de Cristo, por lo cual trasciende a las formalidades cristianas. Veamos algo de esto desde el siguiente texto bíblico.

1 Co. 12:13

[13] Porque por un solo Espíritu fuimos todos bautizados en un cuerpo, sean judíos o griegos, sean esclavos o libres; y a todos se nos dio a beber de un mismo Espíritu.

Lo que voy a decir ya lo he dicho antes, pero quiero volver a ello, porque tiene que ver mucho con la comprensión de este punto. El término bautizo significa sumergir, la connotación que le da el contexto de este versículo, es la de insertar, añadir, vincular. El bautismo aquí mencionado, no es el bautismo en agua, sino el bautismo en un cuerpo (13), el cuerpo de Cristo, la iglesia. Tampoco se refiere a la inserción institucional, sino a la inserción orgánica, vital, realizada por el Espíritu Santo sobre los méritos de Cristo. Ese bautismo es un acto que afecta la esencia del ser de cada creyente. Es la obra mediante la cual los creyentes son hechos, esencialmente, uno con el Señor Jesucristo y con los demás creyentes. A partir de esta obra realizada por el Espíritu de Dios, los creyentes son miembros los unos de los otros, 1 Co. 12:27, como los son los distintos miembros del cuerpo, y como miembros los unos de los otros también son sensibles a lo bueno y lo malo que le suceda a cualquier otro miembro, 1 Co. 12:26, De manera que si un miembro padece, todos los miembros se duelen con Él, y si un miembro recibe honra, todos los miembros con Él se gozan. Este vínculo es mucho más que formal, es un vínculo orgánico vital. El vínculo espiritual es un vínculo que sobrepasa los límites de la formalidad.

Sin embargo, no es un vínculo que subestima las formalidades; porque no se puede pertenecer a la iglesia de Dios orgánicamente sin pertenecer institucionalmente a ella. Lo digo de otra manera: una persona puede hacerse miembro de la iglesia en su forma institucional, y jamás ser miembro de manera orgánica. Pero ninguna persona puede pretender ser miembro orgánicamente de la iglesia y permanecer a la margen de ella en lo que tiene que ver con la institucionalidad de la iglesia. Quien es miembro orgánicamente de la Iglesia de Dios no puede ser indiferente a la institucionalidad la iglesia. No puede ser indiferente y descuidado con su organización, su gobierno, sus normas, estatutos y programas de trabajo. Un verdadero miembro de la iglesia en su forma orgánica, aprecia, se compromete, y corresponde con las instituciones de su iglesia. Aprecia y respeta, a sus oficiales, aprecia y respeta las reuniones, sean litúrgicas o de negocios, respeta sus horarios de servicio y actividades instituidas, aprecia y asume con excelencia las funciones que la iglesia le delega, cualesquiera que sean; va más allá de las formalidades, es sensible y considerado con las necesidades básicas de su prójimo, y mucho más con las necesidades más profundas. Quien es miembro orgánicamente de la Iglesia de Dios, es consciente de la manera como su posición y comportamiento afecta a los demás miembros.

Los verdaderos miembros de la Iglesia de Dios en su forma orgánica, son sensibles con las necesidades de sus semejantes y más con las necesidades de los de más creyentes, 2 Co. 8:1-5, pero son mucho más sensibles a las de los miembros de su propia iglesia local, porque son miembros del mismo cuerpo. Esto es así, porque es el mismo Espíritu que opera en todos ellos, el Espíritu de Cristo, quien los hace sensibles y obedientes a la voluntad de Cristo. El vínculo orgánico es un vínculo de amor fraternal creciente entre los creyentes. Esta es la característica principal del vínculo orgánico, el vínculo entre los verdaderos miembros de la Iglesia de Cristo: el amor fraternal.

El amor fraternal entre los miembros de la iglesia es evidencia de nueva vida, y la falta del amor fraternal hacia alguno de los creyentes es evidencia de estar espiritualmente muerto. Miremos como lo dice la escritura: 1 Jn. 2:9-11

> 9 El que dice que está en la luz, y aborrece a su hermano, está todavía
> en tinieblas. 10 El que ama a su hermano, permanece en la luz, y
> en Él no hay tropiezo. 11 Pero el que aborrece a su hermano está
> en tinieblas, y anda en tinieblas, y no sabe a dónde va, porque las
> tinieblas le han segado los ojos.

Juan, en estos versículos, deja ver que en la iglesia hay personas que pretenden ser creyentes, sin serlo realmente, y personas que realmente lo son. Juan también dice que uno de los distintivos entre un creyente verdadero y uno falso es el amor por los demás creyentes, el amor fraternal. Dice claramente que un verdadero hermano no puede aborrecer a otro hermano y quien pretende ser creyente, pero aborrece a otro creyente, aún está en tinieblas. Complemente esto con 1 Jn. 3:10-18

En estos versículos, Juan, deja ver con mucha claridad que la diferencia entre estos, esencialmente, es grande, y de mucha importancia. Es como la diferencia que hay entre estar vivo y estar muerto.

Esencialmente, la diferencia entre ser miembro de la iglesia de manera institucional y no serlo de manera orgánica, es como la diferencia que hay entre un diamante de diamante y uno de vidrio. ¿Cuál es la diferencia entre un diamante de diamante y uno de vidrio? El diamante de vidrio únicamente tiene la forma de diamante, pero no la esencia. El diamante de vidrio, sencillamente, no es realmente un diamante. Un miembro de la iglesia en su forma institucional únicamente, no es un verdadero creyente. Es un religioso que ha logrado adoptar la apariencia de creyente, pero no es realmente creyente.

No se puede pertenecer a la Iglesia del Dios Viviente únicamente por un vínculo nominal formal. El vínculo nominal es necesario, pero no es suficiente. Una persona puede estar nominalmente vinculada a la Iglesia de Dios, pero no pertenecer a ella realmente. No se conforme con ser miembro de manera institucional, asegúrese de serlo orgánicamente.

Puesto que las diferencias son en la esencia, la responsabilidad de ver si es un verdadero miembro no es de los pastores ni del conjunto de miembros, sino de cada individuo. Claro, los pastores y el conjunto de miembros pueden ayudarle de manera general, pero la responsabilidad de asegurarse si lo es, es de cada individuo. 2 Co. 13:5. Lo único en lo que los pastores y los demás miembros de la iglesia pueden fijarse, es en los rasgos generales, lo demás corresponde a cada miembro en particular. Cuando algún miembro manifiesta decadencia en sus obligaciones generales, los pastores y los demás miembros pueden suponer que algo preocupante puede estar pasando en lo esencial de ese creyente, y al darse cuenta deben proceder a ver qué es lo que está causando la decadencia.

Tan pronto la decadencia de algún miembro se hace notoria ante alguno de los demás miembros, quien o quienes noten la irregularidad, deben comenzar el tratamiento de restauración. Todo el esfuerzo debe ser por restaurar al miembro afectado. El último recurso es la amputación del miembro. Esta debe hacerse cuando con todos los medios y recursos de la iglesia ha sido imposible restaurar al miembro afectado; se realiza con la intención de evitar que otros sean afectados por el miembro que no quiso corregir su pecado. (Ver exposiciones sobre el ejercicio bíblico de la disciplina eclesiástica). Y aunque el cuerpo descansa y se alegra porque la infección fue detenida, no se alegra por el miembro que fue cortado, por no haber podido ser curado.

9. LO QUE OCURRE EN QUIENES CREEN EL EVANGELIO VERDADERAMENTE I

Dos cambios radicales y un don

LA IGLESIA DEL DIOS VIVIENTE
1 Ti. 3:14,15
[14]*Esto te escribo, aunque tengo la esperanza de ir pronto a verte,* [15]*para que si tardo, sepas cómo debes conducirte en la casa de Dios, que es* ***LA IGLESIA DEL DIOS VIVIENTE****, columna y baluarte de la verdad.*

La Escritura enseña que la verdadera fe en el Señor Jesucristo, trae en sí el poder para responder a los mandamientos del evangelio, y establece un vínculo fraternal entre los creyentes. La fidelidad al evangelio y el amor fraternal entre los creyentes, son los dos grandes signos que caracterizan y distinguen a quienes han sido insertados orgánicamente a la Iglesia de Dios. La aptitud para responder a las demandas del evangelio y perseverar en Él, cualesquiera sean la circunstancias, y el amor fraternal entre los creyentes, son fruto de la verdadera fe en el Señor Jesucristo. No obstante uno puede pensar que la fe y las virtudes que la caracterizan, ocurren, per se, o de por sí.

No es así. Varias cosas ocurren simultáneamente en la vida de quienes creen el evangelio en verdad. Debido a esas cosas que ocurren en la vida de quienes en verdad creen el evangelio, nace la aptitud para corresponder al evangelio, nace también el afecto fraternal entre quienes creen el evangelio. En otras palabras: la fe y las virtudes que la caracterizan son fruto de ciertas operaciones divinas realizadas, no por decisión, ni por mérito o virtud de quienes creen el evangelio. El evangelio es algo que el ser humano pecador no puede creer por sí.

Jn. 6:44

Ninguno puede venir a mí si el Padre que me envió no le trajere.

El término "*venir*" en este versículo es sinónimo de fe obediente. Ningún pecador tiene en si poder para creer en y al Señor Jesucristo, subordinándose a su palabra de manera dócil y gozosa.

Todo ser humano pecador tiene la necesidad y el deber de creer el evangelio del Señor Jesucristo; pero ninguno tiene la capacidad de reconocer su necesidad del evangelio, y tampoco la de creerlo, sin que antes ocurran ciertas cosas en su vida.

❖ ¿Qué ocurre en un pecador antes que pueda creer el evangelio?

Antes que un pecador se dé cuenta de la gravedad de sus pecados, del valor del evangelio y de la necesidad del Señor Jesucristo para sí, es necesario que Dios mismo realice una operación sobrenatural en la persona. Esa operación consta de ciertos cambios en el individuo. Vamos a la Escritura para ver esto.

Ez. 36:26,27

26Os daré corazón nuevo, y pondré espíritu nuevo dentro de vosotros;
y quitaré de vuestra carne el corazón de piedra, y os daré un
corazón de carne. 27Y pondré dentro de vosotros mi Espíritu, y
haré que andéis en mis estatutos, y guardéis mis preceptos, y los
pongáis por obra.

El ser humano, tal como lo dejó el pecado, consta de un corazón petrificado y un espíritu inhábil para creer y obedecer a Dios. Es necesario advertir que en esta referencia, "corazón y espíritu" no son dos entes, sino dos facultades del mismo ente espiritual. El daño que el pecado causó al hombre en estas facultades no puede ser diagnosticado y arreglado, sino únicamente por Dios. En estos versículos, Dios deja entre ver la magnitud del daño que el pecado causó en el ser humano en cuanto su relación con Dios. En los mismos, Dios dice también lo que necesita hacer para que persona humana alguna pueda volverse a Él en fe y obediencia. Desde cuando el hombre decidió desobedecer a Dios, el pecado se radicó en el corazón humano, de tal manera que lo incapacitó totalmente para reconocer, creer y obedecer a Dios. Desde entonces, para que un individuo pueda creer y obedecer a Dios, Dios mismo tiene que realizar en el individuo ciertos cambios radicales. Trataré de explicar esto a continuación.

❖ Cambio de corazón

El corazón es el centro de operaciones de la persona humana, el centro de su ser, la unidad central de producción y procesamiento de las acciones de todo ser humano. Es la CPU de la persona humana. En el corazón es donde se producen y se procesan los pensamientos y emociones que caracterizan los hechos de la persona. Esa unidad, el pecado la inutilizó totalmente para servir a Dios. Todo ser humano, salvo el Señor Jesucristo, ha nacido y nace con un corazón totalmente petrificado, ante la palabra de Dios. El daño que el pecado causó al corazón humano es tan grande que para que pueda creer a Dios y responder a sus demandas, es necesario, no repararlo, sino cambiarlo y reequiparlo. El texto habla no de reparar el viejo corazón, sino de quitarlo e implantar uno nuevo corazón. Pero no solo es necesario cambiar el corazón, también es necesario cambiar su operador. ¿Cuál es el operador del corazón humano? Su espíritu.

❖ Cambio de espíritu

El espíritu humano es el responsable de todo lo que se produce en el corazón de la persona. Es el responsable de todas sus acciones, sean físicas o espirituales. El texto habla de poner un nuevo espíritu en el nuevo corazón; esto implica que el pecado también inutilizó el espíritu del hombre. Además de haber inutilizado la unidad de producción y procesamiento de las actividades del individuo humano; también corrompió su operador. De ahí la necesidad de cambiar, no únicamente el corazón, sino también el espíritu, para que la persona pueda guardar los estatutos y preceptos de Dios. Pero esto aún no es suficiente para ello.

❖ Poner el Espíritu de Dios en el individuo

Para que alguien pueda creer y corresponder a las demandas de Dios, además de un nuevo corazón y un espíritu nuevo, es necesario que el Espíritu de Dios more y obre en el nuevo corazón del individuo mediante su nuevo espíritu. Es toda esta operación la que hace apto a un individuo para creer y obedecer la palabra de Dios. Sin un nuevo corazón, un nuevo espíritu y el Espíritu de Dios morando en el individuo, es totalmente imposible que pueda andar en los estatutos de Dios, guardar sus preceptos, y ponerlos por obra.

Los estatutos de Dios, para el perdón de pecados, exigen fe en la persona y obra de Dios en su Hijo Jesucristo. Creer verdaderamente en Dios, además de confiar en la suficiencia de su obra en Cristo consumada en la cruz, implica, total sometimiento al Señor Jesucristo. Pero antes de que un individuo pueda responder a estas demandas, necesita que su corazón haya sido cambiado, necesita también que un nuevo espíritu haya sido puesto en su corazón y además que Dios haya puesto su Espíritu en él.

La fe en el evangelio, con todas sus virtudes, es producto de estas tres obras. ¿Cuáles obras? El nuevo corazón, el nuevo espíritu y la presencia del Espíritu de Dios en el individuo que cree el evangelio. Únicamente quienes han sido objeto de estas tres obras, son quienes creen el evangelio y perseveran en él. Las personas que han sido objeto de estas tres bendiciones espirituales, jamás pueden dejar de creer y perseverar en el evangelio; pueden llegar a dudar de sí mismas, pero jamás dudarán de la gracia de Dios; jamás dudarán de la suficiencia de Cristo para el perdón de sus pecados. Una persona cuyo corazón y espíritu ha sido cambiado, y en quien mora el Espíritu de Dios, aunque no tenga fe para ver un milagro físico, tiene fe en la suficiencia de la sangre del Señor Jesucristo, para el perdón de sus pecados. Una persona, cuyo corazón y espíritu ha sido cambiado, y en quien mora el Espíritu de Dios, aunque no logre comprender con suficiente claridad las grandes doctrinas de la gracia, jamás dudará de la suficiencia de la obra de Cristo para su redención; por más pequeña que sea su fe y su comprensión de la misma, es suficiente para perseverar amando a Dios y a los hermanos hasta el final, en medio de las dificultades.

❖ ¿Ha sido objeto usted de esta operación?

Si alguien no ha recibido ese nuevo corazón y el nuevo espíritu, si el Espíritu de Dios no mora en él, nada cambiará positivamente en su vida en el nuevo año. No importa cuántas uvas haya comido, cuantas espigas de trigo haya comprado, no importa si amaneció con ropa interior negra o amarilla o si salió con su maleta a dar las siete o doce vueltas en su cuadra. Nada de eso le va a traer verdadera paz, prosperidad y felicidad. La verdadera paz, el verdadero gozo, la verdadera prosperidad comienza con un nuevo corazón, con un nuevo espíritu, y con el Espíritu de Dios morando en su corazón, dirigiendo su vida en la luz de la Palabra de Dios mediante su nuevo espíritu.

Pero debe saber esto: el nuevo corazón y el nuevo espíritu que un individuo necesita para poder amar a Dios, creer a su palabra, andar en sus estatutos, guardar sus preceptos y ponerlos por obra, es únicamente por los méritos del Señor Jesucristo. No es por mérito alguno del individuo, ni por mérito de algún ángel del cielo, ni por mérito de algún santo del pasado o del presente; ni siquiera por los méritos de la madre del Señor Jesús. Es únicamente por los méritos del Señor Jesucristo que Dios da nuevo corazón, nuevo espíritu, y envía a su Santo Espíritu a morar en un individuo. Todo esto, Dios lo hace para que le ame, crea su palabra, ande en sus estatutos, guarde sus preceptos y los ponga por obra. Tanto el nuevo corazón, el nuevo espíritu y el Espíritu de Dios, el individuo lo recibe por gracia, no por mérito propio.

10. LO QUE OCURRE EN QUIENES CREEN EL EVANGELIO VERDADERAMENTE II

Una cirugía

LA IGLESIA DEL DIOS VIVIENTE
1 Ti. 3:14,15

*[14]Esto te escribo, aunque tengo la esperanza de ir pronto a verte, [15]para que si tardo, sepas cómo debes conducirte en la casa de Dios, que es **LA IGLESIA DEL DIOS VIVIENTE,** columna y baluarte de la verdad.*

Todo ser humano pecador, sin excepción alguna, tiene la necesidad y el deber de creer el evangelio del Señor Jesucristo, (Jn. 3:13-18,35-36), porque no hay otra forma de escapar del juicio de Dios a causa del pecado; (Hch. 4:12; Jn. 3:36). El problema es que ningún pecador tiene en sí la capacidad de reconocer su necesidad del evangelio, y tampoco la de creerlo sin que antes Dios realice cierta operación en su ser. (Dt. 30:6; Ez. 36:26,27; Jn. 3:3)

Cuando una persona cree verdaderamente el evangelio es porque ha sido objeto de un cambio radical. Ese cambio, Dios lo describió, mediante el profeta Ezequiel, como un cambio de corazón y un cambio de espíritu. Ez. 36; 26,27. Cambio al cual Dios añade la presencia de su Espíritu. El cambio de corazón, y el nuevo espíritu, son realmente la creación de un nuevo ser. La presencia del Espíritu de Dios es el sello o la garantía de que la nueva vida que el individuo ha recibido con el nuevo corazón y el nuevo espíritu, es irreversible, es para siempre. Ef. 1:13,14.

Esa operación que Dios, mediante Ezequiel, denomina cambio de corazón y espíritu, es descrita en la Escritura, mediante diferentes analogías. Debemos considerarlas para una comprensión más completa de su naturaleza y carácter. Otra forma como la Escritura denomina la obra que faculta a un pecador para agradar a Dios es:

❖ La circuncisión del corazón

Dt. 30:6.

[6]Y circuncidará Jehová tu Dios tu corazón, y el corazón de tu descendencia, para que ames a Jehová tú Dios con todo tu corazón y con toda tu alma, a fin de que vivas.

La operación mencionada en este versículo es la misma que menciona Ezequiel en el capítulo 36, versículos 26 y 27 de su libro; la diferencia es que aquí es descrita de manera distinta. La obra es la misma, el autor es el mismo, los objetos son los mismos y el resultado es el mismo.

¿Cómo es denominada en este caso esa obra? Circuncisión del corazón. ¿Quién es el autor de esa obra? Dios. ¿Quiénes son el objeto de esa obra? Quienes habían de ser el pueblo fiel de Dios. ¿Cuál es el resultado o fruto de esa obra? Amor a Dios, y vida.

Dios, en este versículo, dice que para que su pueblo pudiese amarlo con todo el corazón y con toda el alma y para que viva, necesitaría circuncidar su corazón. Circuncidar el corazón es lo mismo que cambiarlo. Para que el pueblo de Dios tuviese alguna comprensión de esta operación, Dios instituyó la circuncisión física. La circuncisión física consistía en quitar una parte de lo más íntimo del varón. Era requisito indispensable para ser recibido formalmente como uno del pueblo de Dios. Fue instituida a partir del pacto de Dios con Abraham. Gn. 17:9-14. La circuncisión física literalmente marcaba y distinguía de forma íntima la descendencia física de Abraham. Nadie debía ser admitido en la familia de Abraham sin la circuncisión. Quien pretendiera formar parte del pueblo del pacto sin la marca debía ser erradicado del pueblo (Teología de los pactos. Pacto Abrahamico. Señal del pacto. (R.B.G Inedito 2009).

Gn. 17:14

[14]Y el varón incircunciso, el que no hubiere circuncidado la carne de su prepucio, aquella persona será cortada de su pueblo; ha violado mi pacto.

La circuncisión física simbolizaba y tipificaba la circuncisión espiritual. Indicaba **que algo de lo más íntimo del ser de cada individuo necesita ser quitado para que pueda amar a Dios con todas las facultades de su corazón y su alma.** Como señal del pacto tipificaba una operación espiritual: El cambio de corazón, y de espíritu, que caracterizaría a la descendencia espiritual de Abraham, esa descendencia que heredaría las realidades espirituales de las promesas del pacto, Ro. 4:9-12, los verdaderos Judíos.

Ro. 2:28

[28]Pues no es judío el que lo es exteriormente, ni es la circuncisión la que se hace exteriormente en la carne; [29]sino que es judío el que lo es en lo interior, y la circuncisión es la del corazón, en espíritu, no en letra; la alabanza del cual no viene de los hombres, sino de Dios.

La circuncisión espiritual es una operación que únicamente Dios la puede efectuar. Eso es lo que leemos en, Dt. 30:6

Y circuncidará Jehová tu Dios tu corazón, y el corazón de tu descendencia, para que ames a Jehová tú Dios con todo tu corazón y con toda tu alma, a fin de que vivas.

La circuncisión física fue instituida para indicar la necesidad de ese cambio radical en el ser humano, para que pueda amar a Dios y guardar su palabra. Es una obra que Dios hace por gracia para que un individuo pueda reconocer y corresponder a la gracia de Dios. Sus resultados indican que un individuo ha sido favorecido por el pacto de redención, el pacto hecho entre el Padre y el Hijo desde la eternidad. Pacto dispensado a los hombres por gracia, mediante el pacto de la justificación por la fe, ratificado con Abraham, dispensado también mediante el pacto sinaítico, el davídico, y el nuevo pacto, sellado en la cruz mediante la sangre del Señor Jesucristo.

Este pacto es confirmado con cada persona que en Cristo ha sido circuncidada, con la circuncisión que Dios hace en el corazón. Eso fue lo que el apóstol Pablo le dijo a los creyentes de la Iglesia de Colosas: Co. 2:11

En él también fuisteis circuncidados con circuncisión no hecha a mano, al echar de vosotros el cuerpo pecaminoso carnal, en la circuncisión de Cristo.

Esta circuncisión hace de la persona una nueva criatura.

De manera que si alguno está en Cristo, nueva criatura es. 2 Co. 5-17.

La creación de un nuevo corazón y un nuevo espíritu, es la circuncisión verdadera; es una nueva creación que hace innecesaria la circuncisión física.

Ga. 6:15

[15]Porque en Cristo Jesús ni la circuncisión vale nada, ni la incircuncisión, sino una nueva creación.

A la luz de Dt. 30:6 y la doctrina del Nuevo Testamento, quienes han sido objeto de la circuncisión en su forma espiritual: aman a Dios y tienen vida espiritualmente; viven conforme al evangelio de Cristo; reconocen sus pecados y se apartan de ellos; confían en los méritos de la sangre de Cristo para el perdón de sus pecados. Quienes han sido circuncidados espiritualmente ya no viven para sí, viven para quien les amó y se entregó a la cruz por ellos.

Quienes son circuncidados espiritualmente, tienen la capacidad de amar a Dios con todas sus facultades, con todo su corazón y con toda su alma. También tienen la capacidad de amar a su prójimo como a sí mismos.

Pero, ¿qué significa amar a Dios con todo el corazón y con toda el alma para una persona cuyo corazón ha sido circuncidado o cambiado, pero aun no perfeccionado? Amar a Dios con todo el corazón, y con toda el alma, no significa amarle infaliblemente; ni el más grande de los santos ha logrado eso. No lo logró Noé, Abraham, Moisés, David, Salomón, Daniel, Pablo, Agustín, Lutero, ni Calvino; ninguno de ellos lograron amar a Dios sin falta alguna. Amar a Dios con todo el corazón, y con toda el alma, significa obedecer su palabra con humildad y gratitud, en todo, aun en lo que nos manda que hagamos cuando pecamos contra Él. ¿Qué nos manda Dios que hagamos cuando pecamos?

Nos manda arrepentirnos de los pecados y a ponernos a cuenta con Él:

Is. 1:18-20.

18Venid, dice Jehová, y estemos a cuenta: si vuestros pecados fueren como la grana, como la nieve serán emblanquecidos; si fueren rojos como el carmesí, vendrán a ser como blanca lana. 19Si quisiereis y oyereis, comeréis el bien de la tierra; 20si no quisiereis y fuereis rebeldes, seréis consumidos…; porque la boca de Jehová lo ha dicho.

Hch. 3:19

19Así que, arrepentíos y convertíos, para que sean borrados vuestros pecados; para que vengan de la presencia del Señor tiempos de refrigerio.

Al oír este llamado de Dios a arrepentirnos y a ponernos a cuenta con Él, debemos recordar que nadie puede ponerse a cuenta con Dios sin el Señor Jesucristo, porque no hay otro mediador entre Dios y los hombres sino Él. 1 Tm. 2:5. La regla de Dios en esto es que únicamente por la fe en el Señor Jesucristo es válido el arrepentimiento. Ningún arrepentimiento, sin la confianza en los méritos del Señor Jesucristo, es válido. Dios perdona nuestros pecados, únicamente, cuando nos arrepentimos de ellos confiando en los méritos del Señor Jesucristo. Él es la única propiciación por nuestros pecados; y no solamente por los nuestros, sino también por los de cualquier persona en cualquier parte del mundo, que se arrepiente confiando en su propiciación. 1 Jn. 2:2.

El que en Él cree, no es condenado; pero el que no cree, permanece condenado, porque no ha creído en el nombre del unigénito Hijo de Dios. Jn. 3:18.

Amar a Dios es creer esto y obedecerlo.

¿Qué es amar al prójimo como a uno mismo? Amar al prójimo como a uno mismo es desear y procurar para Él el bien que deseamos para nosotros mismos; es tratar al prójimo como deseamos que nos trate a nosotros; no como el prójimo nos trata, sino como nos gustaría que el prójimo nos tratara. Amar al prójimo como a uno mismo es no desearle ni causarle mal alguno, y reparar el daño que le hayamos causado: es pedirle perdón por la ofensa que le hemos cometido, y pagarle el daño que por causa nuestra haya recibido. Amar al prójimo como a uno mismo, es no engañarle, no mentirle, es decirle la verdad con humildad, respetando su libertad y responsabilidad. Amar al prójimo como a uno mismo es no tomar lo que es suyo, es pagarle lo que le debemos, y devolverle lo que en algún momento le hayamos quitado. Amar al prójimo como a uno mismo, es no usurpar su identidad o su posición, pero si ayudarle en sus necesidades, en sus luchas y en sus esfuerzos por mejorar. Amar al prójimo es hacerle bien aunque nos haga mal. Esa es la voluntad de Dios, para los suyos. Ro. 12:9-21.

Nadie cuyo corazón haya sido circuncidado debe decir que no puede hacer eso; y si en verdad no lo puede hacer, es porque su corazón aún es incircunciso. Porque, quienes cuyo corazón ha sido circuncidado por la mano de Dios, le aman y guardan sus mandamientos.

11. LO QUE OCURRE EN QUIENES CREEN EL EVANGELIO VERDADERAMENTE III

Un Nuevo Nacimiento

LA IGLESIA DEL DIOS VIVIENTE
1 Ti. 3:14,15
*14Esto te escribo, aunque tengo la esperanza de ir pronto a verte, 15para que si tardo, sepas cómo debes conducirte en la casa de Dios, que es **LA IGLESIA DEL DIOS VIVIENTE,** columna y baluarte de la verdad.*

Jn.3:3
3De cierto, de cierto te digo, que el que no naciere de nuevo, no puede ver el reino de Dios.

- **Importancia del evento**

Lo que leemos en este versículo, son palabras del Señor Jesucristo, dichas a uno de los grandes maestros de las Escrituras del Antiguo Testamento: Nicodemo. En algún momento vio los milagros que el Señor Jesús hacía. Esos milagros le impresionaron, y entendió que tales obras no podían ser hechas sino por alguien que fuera enviado de Dios. Este hombre fue al Señor para decirle que él y algún otro de ellos, entendían que Él había venido de Dios. Fue cuando Nicodemo le habló de esto que el Señor le dijo:

De cierto, de cierto te digo, que el que no naciere de nuevo, no puede ver el reino de Dios.

El Señor Jesús, a la operación que hace que un pecador sea libre de su incredulidad y desobediencia a Dios, la llamó "**nuevo nacimiento**". De acuerdo con lo que el Señor le dijo a Nicodemo, sin el nuevo nacimiento, una persona está incapacitada para ver y pertenecer al reino de Dios, vss 3 y 5. En este caso, el vivir, el amar a Dios, el andar en sus estatutos, guardar sus preceptos, y ponerlos por obra, el Señor Jesucristo, lo englobó en conocer y pertenecer al reino de Dios; para ello es necesario nacer de nuevo, nacer de agua y del Espíritu.

❖ Su significado

Nacer de nuevo y nacer de agua y del Espíritu, son expresiones sinónimas complementarias, con las cuales el Señor expuso la clase de obra que el hombre necesita para ver y entrar al Reino de Dios. Con esas expresiones el Señor también explica cuál es el agente que realiza el nuevo nacimiento y el instrumento con el cual lo realiza. El agua es símbolo de la gracia redentiva que obra mediante la Palabra de Dios aplicada en el poder el Espíritu de Dios (la vida, por lo general germina y se sustenta por el agua), (Jn. 4:10-14; 7:37-39; Ef. 5:26 Ap.22:1; Ti. 3:5; 1 P. 1:22-25.
Cuando el Señor mencionó el agua y el Espíritu, como fuente del Nuevo nacimiento, lo hizo para que Nicodemo entendiera lo que ya había sido enseñado en el Antiguo Testamento mediante la simbología, Ez. 36:25, algo que Nicodemo como maestro de la Escritura debía haber entendido. De manera que el Señor Jesucristo, al mencionar el agua y el Espíritu como fuente del Nuevo nacimiento, lo que estaba dando a entender es que el nuevo nacimiento es un producto de la gracia de Dios que obra por el Espíritu, mediante su palabra.

❖ Implicaciones

Aquí hay un detalle que no debemos pasar por alto. Cuando el Señor Jesús habló de la necesidad del nuevo nacimiento lo dijo en la conversación con Nicodemo, un hombre sumamente religioso, con mucho conocimiento de las Escrituras, y con un destacado nivel de moralidad; era fariseo. En ese momento, el nombre fariseo no significaba hipócrita; significaba "puro" o "apartado". Nicodemo era uno de los maestros más ortodoxos del pueblo judío. Fue a él a quien el Señor Jesús le dijo: os es necesario nacer de nuevo, Jn. 3:5. ¿Qué implica eso?

❖ Resultados del nuevo nacimiento

Esto implica tres cosas muy reales. Una es que el ser humano tal como nace del vientre de su madre, es incapaz de ver el Reino de Dios. Para ello es necesario nacer de nuevo o ser objeto de una nueva creación. Segundo implica que una persona sin el nuevo nacimiento puede lograr un muy alto nivel de moralidad, y ortodoxia, pero ser religioso, ortodoxo y exhibir un nivel de moralidad intachable no indica necesariamente que por ello ha nacido de nuevo, y si una persona no ha nacido de nuevo, por muy religiosa, moralista y ortodoxa que sea, no pertenece al Reino de Dios. Es con el nuevo nacimiento que se entra al reino de Dios.

El nuevo nacimiento es el comienzo de un nuevo ser en la misma persona, incluye el cambio de corazón, y espíritu. La persona es la misma, pero experimenta un nuevo ser con nuevas virtudes, nuevas perspectivas y expectativas de vida. A partir del nuevo nacimiento, la persona es un nuevo ser con facultades que antes no tenía. El nuevo nacimiento faculta a la persona para comprender y hacer asuntos que antes le era imposible. El nuevo nacimiento faculta a una persona para reconocer el carácter del Reino de Dios y conformarse a sus estatutos y preceptos. En síntesis, el nuevo nacimiento faculta a la persona para creer el evangelio y responder a sus demandas. El nuevo nacimiento trae en sí, la fe en el Señor Jesucristo, y la obediencia a su voluntad, por la fe.

❖ Similitudes y diferencia entre un buen religioso y un nacido de nuevo.

Hay cierto parecido entre el religioso moralista ortodoxo y el nacido de nuevo. Los dos pueden tener la Escritura como norma de conducta y argumentar que creen en el único Dios verdadero; los dos pueden ser sumamente fieles y celosos de las normas bíblicas. A causa de estas similitudes, no es fácil distinguir al uno del otro si se desconocen las diferencias.

Pero también hay una gran diferencia entre los dos. El que es religioso, moralista, ortodoxo, descansa en sus obras, y se gloría en su justicia. El nacido de nuevo se apoya en la fe, y se gloría en la justicia de Cristo. Quien únicamente es religioso, moralista, ortodoxo se cree justo e intachable y superior a los demas; Lc. 18:11-14. El nacido de nuevo reconoce que sus mejores obras están contaminadas de pecado, Is. 64:6. Quienes son religiosos moralistas, ortodoxos únicamente, desprecian a quienes consideran que no han alcanzado el nivel de moralidad que ellos han logrado, Lc. 18:9. Quienes han nacido de nuevo, se compadecen de quienes pecan contra Dios y procuran restaurarle con humildad, Ga. 6:1.

Quienes únicamente son buenos religiosos, confunden el legalismo con la fidelidad. Quienes han nacido de nuevo, aunque con todo su ser procuran ser fieles, entienden que con ella no ganan mérito alguno, pues ella se debe al obrar de la gracia de Dios en su vida. Quienes únicamente son religiosos, moralistas, ortodoxos, su fidelidad los vuelve altivos, indolentes y crueles.

Quienes han nacido de nuevo, su fidelidad les hace, agradecidos, humildes y compasivos. Quien únicamente es buen religioso, solamente tiene la apariencia de la piedad. Quien ha nacido de nuevo es realmente piadoso. Quien es religioso procura ser fiel para su propio honor; quien en verdad es piadoso, procurará ser fiel para la gloria del Señor Jesucristo. ¿Hay diferencia entre uno y otro?

Hay dos grandes diferencias esenciales, estas son la raíz de las demás. Las dos grandes diferencias, entre uno y el otro, es que el moralista, confía en su propia justicia para su aprobación pero resulta reprobado, mientras que el nacido de nuevo confía en la justicia del Señor Jesucristo, por lo cual es aprobado. La otra gran diferencia es que el moralista, religioso aún está muerto; no puede ver el Reino de Dios; mientras que el nacido de nuevo tiene vida espiritual, y es ciudadano del Reino de Dios.

❖ Aplicaciones

El enfoque de esta exposición no es directamente el inmoral. Es evidente que el inmoral está fuera del Reino de Dios; 1 Co. 6:9,10, de esto no hay duda. Si usted es un inmoral, debe arrepentirse de su inmoralidad y correr al Señor Jesucristo, para el perdón de sus pecados. Pero si usted es una persona religiosa, moralmente cuidadosa y con mucho conocimiento de las Escrituras, sepa que eso no le garantiza que pertenecer al Reino de Dios, también puede estar fuera del Reino de Dios. Ese es el enfoque de esta exposición. Ser religioso, incluso líder religioso, con un gran nivel de moralidad y conocimiento de las Escrituras no garantiza la salvación. Lo que garantiza la salvación es un nuevo nacimiento. El Señor Jesús le dijo a uno de los líderes más destacados en moral y ortodoxia, de su tiempo:*Os es necesario nacer de nuevo.* Jn. 3:7. Por lo cual debemos asegurarnos de qué tipo de persona somos:

¿Soy un moralista ortodoxo, o realmente un nacido de nuevo? ¿A cuál de estos dos tipos de personas pertenezco? No olvidemos las diferencias que hay entre estos dos tipos de personas. No ponga su confianza en el nivel de moralidad que ha obtenido y en el conocimiento que de las Escrituras ha acumulado. Mire, escuche, y confíe solo en el Señor Jesucristo.

12. LO QUE OCURRE EN QUIENES CREEN EL EVANGELIO VERDADERAMENTE IV

Pasa de muerte a vida

LA IGLESIA DEL DIOS VIVIENTE
1 Ti. 3:14,15
[14]Esto te escribo, aunque tengo la esperanza de ir pronto a verte, [15]para que si tardo, sepas cómo debes conducirte en la casa de Dios, que es ***LA IGLESIA DEL DIOS VIVIENTE,*** *columna y baluarte de la verdad.*

Jn. 5:24
[24]De cierto, de cierto os digo:
El que oye mi palabra, y cree al que me envió, tiene vida eterna; y no vendrá a condenación, mas ha pasado de muerte a vida.

Las palabras de este versículo también son del Señor Jesucristo. Eso le da un valor especial a lo que dice. ¿Por qué? Porque nadie mejor que Él conoce las realidades más intrincadas del ser humano. El Señor comenzó enfatizando la veracidad de lo que afirma a continuación en el versículo. *De cierto de cierto*, indica que lo que se va a decir es de importancia superlativa. En las Escrituras del Nuevo Testamento, es una expresión particular del Señor Jesucristo. El Señor la usó, no únicamente para enfatizar la veracidad de lo que diría a continuación, sino también por la solemnidad de lo mismo. Lo que el Señor dice en el texto tiene que ver con dos sujetos. Primero consideremos los sujetos luego las afirmaciones relacionadas con cada uno.

❖ Los sujetos del texto

El texto tiene dos sujetos: uno expreso y el otro tácito. Cada sujeto representa a un tipo de individuo en diferente estado o al mismo en estados diferentes. Debo decirles que usted y yo estamos representados por uno de los sujetos del texto; no hay nadie en el mundo que no esté representado por uno de los dos sujetos del versículo. Lo que quiero decir es que el texto tiene Palabra de Dios para usted y para mí, sin importar el sujeto que le representa.

¿Cuál es el sujeto expreso? El sujeto expreso es el que oye la Palabra del Señor y cree al que le envió. ¿Está representado usted por este sujeto? Si lo está, bienaventurado. Porque lo que afirma el texto de los individuos representados por este sujeto es glorioso.
¿Cuál es el sujeto tácito? El que no oye la palabra del Señor Jesucristo y no cree al que le envió. ¿Está usted representado por este sujeto? Si usted está representado por este sujeto debe comenzar a sentirse como si su doctor le acabase de decir que tiene cáncer. Para obtener una mejor impresión de lo relacionado con cada sujeto vamos a considerar lo que el Señor afirma de cada uno. ¿Qué es lo que el Señor afirma, de cada sujeto, en el texto?

❖ Afirmaciones del texto

El Señor Jesucristo hace tres afirmaciones positivas contundentes relacionadas con quienes oyen su palabra y creen a quien le envió. Las mismas implican tres afirmaciones negativas relacionadas con quienes no oyen su palabra y no creen a quien le envió.

- Explícitas y positivas.

¿Qué afirma el Señor Jesús de quienes oyen su palabra y creen en quien le envió? Uno: que quien oye su palabra y cree al quien le envió, tiene vida eterna. Dos: que quien oye su palabra y cree a quien le envió, no vendrá a condenación. Tres: que quien oye su palabra y cree a quien le envió, ha pasado de muerte a vida. Estas son noticias alentadoras para los creyentes. Noticias como estas deben hacer saltar de júbilo a los creyentes, sin que el predicador tenga que forzarlos. Pero esta noticia más que un grito de júbilo, debería despertar en los creyentes una disposición de servicio con inmensa gratitud hacia quien efectuó tal milagro. ¿Cómo saber si ha creído el evangelio? Por la capacidad de responder a las demandas del evangelio ¿Las recuerda?

- Implícitas y negativas

¿Qué afirmaciones implícitas negativas hay en relación con quienes no oyen la Palabra del Señor y no creen a quien le envió? Uno: que quienes no oyen su palabra y creen al quien le envió, no tienen vida eterna. Dos: que quienes no creen a su palabra y no cree a quien le envió, van a condenación. Tres: que quienes no oyen su palabra y no creen a quien le envió, aún están muertos. Estas no son noticias alentadoras; deben causar más preocupación que un diagnóstico médico negativo sobre un cáncer.

Pero estas noticias deberían despertar a la vez el deseo por oír la Palabra del Señor Jesucristo y creer al quien le envió, como un diagnóstico negativo de cáncer despierta el deseo de hacer lo que tenga que hacer para encontrar la cura.
Los asuntos relacionados con el evangelio, implican asuntos de mucha más importancia que los que implica un cáncer. Es correcto hacer lo que sea necesario por vivir unos años más en este mundo de sufrimiento. Pero, ¿por qué estamos dispuestos a hacer lo que sea con tal de vivir unos años más en este mundo y no reaccionamos de igual manera por asegurar la vida eterna? La respuesta también la dio el Señor Jesucristo en el texto que tenemos en observación. No es una respuesta agradable. Es una respuesta escalofriante. Es el estado en el cual se encuentra el individuo que no oye la palabra del Señor Jesús ni cree al quien le envió. Consideremos esto a continuación, pero antes consideremos lo que significa oír la palabra del Señor Jesucristo y creer a quien le envió.

- **¿Qué significa oír la palabra del Señor Jesucristo y creer a quien le envió?**

Oír la palabra del Señor Jesucristo y creer a quien le envió, no es únicamente escuchar los sonidos de las articulaciones lingüísticas que comunican las verdades del evangelio, de la manera que ustedes están escuchando lo que yo estoy diciendo en estos momentos.
Oír la palabra del Señor Jesucristo y creer a quien le envió, significa ser espiritualmente sensible a las realidades espirituales envueltas en el mensaje del evangelio. Oír la palabra del Señor Jesucristo y creer a quien le envió, es reaccionar inmediatamente al evangelio dándole la debida importancia a cada una de las realidades que envuelve. El evangelio envuelve realidades relacionadas con el destino eterno de cada ser humano, con mi destino y con el suyo.
¿Cómo reaccionaría usted si su médico le dijera que su diagnóstico de cáncer resultó positivo? No saldría de allí a celebrar, ¿qué haría? Yo no saldría de allí hasta preguntar todo lo que podría hacer para contrarrestar el cáncer. A una sobrina mía le diagnosticaron cáncer hace algunos años, y alguien le dijo que la serpiente cascabel le curaba el cáncer. De inmediato ella y el papá indagaron donde se conseguía y cómo cazarla; luego otra persona le dijo que la carne de gallinazo también cura el cáncer, de inmediato se dio a la tarea de conseguirlo y hacerlo como se lo habían

dicho. Semejante a eso es lo que significa oír la Palabra del Señor Jesucristo y creer al que él envió. ¿Pero por qué muchas personas al oír que van a condenación, no reaccionan así? La causa por la cual un individuo hace cualquier cosa por salvarse de un cáncer y vivir unos días más, pero no reacciona de la misma manera por la vida eterna, es el estado en que la persona se encuentra ante las realidades eternas.

❖ ¿Cuál es el estado de quienes no oyen y creen el evangelio?

Es un estado de muerte. ¿Qué es la muerte? Físicamente, la muerte es definida como un estado en el que las fuerzas vitales están reducidas a cero, y donde las facultades del individuo quedan totalmente inactivas. El Señor Jesús usa la figura "muerte" en forma analógica. El efecto de la muerte en la esfera física, es semejante a su efecto en el estado espiritual. ¿En qué consiste la muerte en el campo espiritual? El Señor no lo dijo de manera concreta, pero si lo deja entrever. Estar muerto espiritualmente no quiere decir que el individuo esté incapacitado para oír el sonido de las palabras mediante las cuales se comunica la voluntad del Padre; lo que esto quiere decir es que el individuo está incapacitado para entender el evangelio y reconocer su importancia.

El individuo espiritualmente muerto, puede oír ordinariamente la Palabra de Dios. Lo que no puede es oírla de manera espiritual. ¿Qué es oír de manera espiritual la Palabra del Señor Jesucristo? Oírla de manera espiritual es reconocer su importancia y la necesidad de ella y reaccionar a cada realidad anunciada como corresponde. Esto es semejante a oír a su médico decir que tiene cáncer. Usted no podría ser indiferente a esa noticia. ¿Se haría el desentendido ante esa noticia? Tampoco sería indiferente si luego su médico le dijera: su cáncer está muy avanzado, pero hay un procedimiento para detenerlo y erradicarlo, ¿lo cree y está dispuesto a someterse a él? Con seguridad usted no le diría a su médico: Ummm… déjeme pensarlo. Si usted escucha el evangelio y no reacciona ante Él es porque está muerto espiritualmente. Estar muerto espiritualmente es estar incapacitado para responder a las afirmaciones, advertencias y ofertas del evangelio. Un muerto físicamente no puede responder a los sonidos de la sirena y a las voces que gritan ¡escape, escape, incendio!; asi es un muerto espiritual, no responde a las advertencias del evangelio y a sus promesas.

Pero la descripción de este estado, como muerte, no es únicamente para denotar la incapacidad del individuo para responder a las advertencias y ofertas del evangelio. El Señor Jesús usa esta analogía también para denotar lo desagradable que es, ante sus ojos, el estado del individuo incrédulo. Un muerto físicamente hablando, no es únicamente un ser inerte, también es un ser en un estado de descomposición; es un ser en un estado desagradable, es un ser contaminante. En el antiguo pacto, cualquier persona que tocare algún muerto era declarada legalmente inmunda; si el muerto era un animal sería inmundo hasta el final del día. Al final del día tenía que ser lavado con agua limpia, para que pudiese nuevamente ser tenido como limpio. Si el muerto era un ser humano, sería inmundo siete días. Luego, para que pudiese ser declarado limpio, tenía que ser purificado con agua corriente y ceniza del sacrificio de la expiación; y quien no quisiere purificarse, debía ser cortado del pueblo.

Nm. 19:11-22.

11 El que tocare cadáver de cualquier persona será inmundo siete
días. 12 Al tercer día se purificará con aquella agua, y al séptimo
día será limpio; y si al tercer día no se purificare, no será limpio
al séptimo día. 13 Todo aquel que tocare cadáver de cualquier
persona, y no se purificare, el tabernáculo de Jehová contaminó,
y aquella persona será cortada de Israel; por cuanto el agua de la
purificación no fue rociada sobre él, inmundo será, y su
inmundicia será sobre él. 14 Esta es la ley para cuando alguno
muera en la tienda: cualquiera que entre en la tienda, y todo el
que esté en ella, será inmundo siete días. 15 Y toda vasija abierta,
cuya tapa no esté bien ajustada, será inmunda; 16 y cualquiera que
tocare algún muerto a espada sobre la faz del campo, o algún
cadáver, o hueso humano, o sepulcro, siete días será inmundo.
17 Y para el inmundo tomarán de la ceniza de la vaca quemada de la
expiación, y echarán sobre ella agua corriente en un
recipiente; 18 y un hombre limpio tomará hisopo, y lo mojará en el
agua, y rociará sobre la tienda, sobre todos los muebles, sobre las
personas que allí estuvieren, y sobre aquel que hubiere tocado el
hueso, o el asesinado, o el muerto, o el sepulcro. 19 Y el limpio
rociará sobre el inmundo al tercero y al séptimo día; y cuando lo
haya purificado al día séptimo, Él lavará luego sus vestidos, y a
sí mismo se lavará con agua, y será limpio a la noche.

[20] Y el que fuere inmundo, y no se purificare, la tal persona será cortada de entre la congregación, por cuanto contaminó el tabernáculo de Jehová; no fue rociada sobre él el agua de la purificación; es inmundo.[21] Les será estatuto perpetuo;….

Estos versículos son una cápsula de evangelio concentrado, pero no es el momento de hacer una exposición exhaustiva. Estas leyes fueron dadas por Dios de manera pedagógica, con el fin de dar a entender al pueblo redimido, la manera como Dios considera al ser humano en su estado de incredulidad, y para enseñarle que no es posible entrar en contacto con un incrédulo sin algún contagio. Todos los días, los redimidos, somos contagiados con la inmundicia de los incrédulos. ¿Qué redimido, mientras viva en este mundo, ha terminado un día sin tener que ir a la fuente de agua viva a lavarse de alguna contaminación adquirida en sus relaciones con los incrédulos? Todos los días estamos tocando muertos. En la calle, en el colegio, en la universidad, en el trabajo, en la casa; y algunos y algunas han elegido muertos para dormir con ellos.

Mediante estas leyes gráficas, Dios también enseña a su pueblo redimido la necesidad de la constante aplicación del evangelio, para limpiarnos del infeccioso contacto con los incrédulos. Ustedes saben que el agua pura indica la Gracia de Dios aplicada por el Espíritu Santo, mediante la palabra del evangelio, por los méritos del sacrificio de Señor Jesucristo. Cada día necesitamos hacer uso del evangelio para ser limpios de la inmunda influencia de los incrédulos, para que sus hábitos no se apoderen de nuestro corazón y tengamos que ser cortados de su iglesia por no purificarnos. Sin la aplicación diaria de la Gracia de Dios, que se desprende de la Cruz de Cristo, mediante el evangelio, no es posible mantenernos limpios de los inmundos hábitos de los incrédulos que nos rodean.

❖ ¿Cuál es el estado de los que oyen la Palabra del Señor Jesucristo y creen al que le envió?

La respuesta a la anterior pregunta se infiere por implicación. La respuesta a esta pregunta la da el Señor Jesucristo, de manera clara y categórica. *El que oye mi palabra y cree al que me envió, tiene vida eterna.* No significa que el que oye su palabra y cree a quien le envió, va a vivir eternamente en el estado actual. La vida aquí mencionada, no es la vida física como es ahora; no significa solamente subsistencia. La vida mencionada aquí es contrastada con la incapacidad para oír la Palabra del Señor Jesucristo y creer a quien le envió, y con la condenación venidera. La vida mencionada aquí es la vida que se caracteriza, por la facultad para entender la Palabra del Señor Jesucristo y la de creer en quien le envió. Las dos cosas van juntas, oír la Palabra del Señor Jesucristo y creer al que le envió. El Señor Jesucristo uso esta dupla de cualidades, una ligándola con Él y la otra con quien le envió, para mostrar la igualdad y hacer distinción entre Él y el que le envió. Los judíos necesitaban entender esto. Los judíos entendían que cuando el Señor Jesucristo hablaba del que le envió se refería a Dios, en quien ellos decían creer. La manera como el Señor les habló según este versículo, tenía la intención de hacerles saber que no podían pretender creer en Dios sin atender a su palabra.

El que oye mi palabra y cree al que me envió,..., no vendrá a condenación. El oír la palabra del Señor y creer a quien le envió es consecuencia de tener vida eterna y garantía de absolución actual y eterna. Recuerde lo que registró el apóstol en Ro. 8:1. *Ninguna condenación hay para los que están en Cristo.* El mismo Señor Jesucristo dijo: *El que cree no es condenado.* Jn. 3:18. Estas afirmaciones les dan a los creyentes un hermoso refrigerio.

Aún nos falta considerar la tercera afirmación del versículo. Lo que ocurre en quienes oyen la palabra del Señor Jesucristo y creen a quien le envió.

- **¿Qué ha ocurrido en quienes oyen la Palabra del Señor y creen en quien le envió?**

Han pasado de muerte a vida. Es un cambio asombroso. No es pasar de un estado de enfermedad a un estado de salud. Es pasar de estar muerto a estar vivo, pero en un plano espiritual. Vimos anteriormente que estar muerto espiritualmente consiste en estar incapacitado para reaccionar correctamente ante las afirmaciones, las advertencias y ofertas del evangelio. Tener vida es todo lo contrario. Pasar del estado de muerte espiritual a vida espiritual es semejante a pasar de muerte física a vida física. ¿Cómo ocurre eso? Es un milagro que no sabemos cómo ocurre; eso no lo ha revelado Dios, pero si ha dicho quien lo hace y por qué. El texto no lo menciona, pero la Escritura sí.

¿Recuerda Ef. 2:4,5? Lo dice desde la experiencia de los redimidos. *Pero Dios, que es rico en misericordia, por su gran amor con que nos amó, aun estando muertos en pecados, nos dio vida Juntamente con Cristo.* ¿Quién dice el apóstol que les dio vida? Dios. ¿Por qué lo hizo? ¿Cuál fue su motivación según el texto? Su misericordia, su gran amor. ¿Por qué los amo tanto? Tampoco lo sabemos, pero no fue por alguna virtud prevista en ellos, no debemos olvidar el estado en que se encontraban y lo que significa. La única razón que la Biblia menciona es que los amó por y para la gloria de su Hijo, puesto que fue en Él que les dio vida. Dios, Él Padre los hizo uno con su Hijo Jesucristo, en su muerte y en su resurrección, eso es lo descrito mediante el bautismo. Ro. 6:4

- **¿Cuál es la evidencia de haber pasado de muerte a vida?**

En el presente, esa vida se puede reconocer únicamente por su resultado actual. ¿Cuál es el resultado de la vida eterna en el presente? Es la capacidad de oír la Palabra del Señor Jesucristo y creer a quien le envió. Según el Señor Jesucristo oír su palabra y creer en quien le envió es resultado y evidencia de tener vida eterna, no causa. El señor no dijo el que oye mi palabra y cree al que me envió, tendrá vida eterna; dijo tiene vida eterna. El verbo está en tiempo presente, implica una realidad continuamente presente. Esa vida eterna es una realidad ya presente en los creyentes, y continuará con sus virtudes por los siglos de los siglos. Quiero decir que quien tiene vida eterna, oye la palabra del Señor Jesucristo y cree a quien le envió, y eso lo continuará haciendo por la eternidad. Jamás un individuo que tenga vida eterna, puede volver a ser un incrédulo y permanecer en desobediencia a Dios. ¿Por qué? Porque oír la Palabra del Señor Jesucristo y creer a quien le envió son facultades, propias de la vida eterna, por lo cual si la vida es eterna, también sus facultades lo son. Quien recibe esa vida, no la puede perder jamás. Esto nos lleva a Jn. 10:27,28; ¿lo recuerda?

Mis ovejas oyen mi voz, y yo las conozco, y me siguen, y yo les doy vida eterna; y no perecerán jamás, ni nadie las arrebatará de mi mano.

La vida que tiene quien oye la Palabra del Señor Jesucristo y cree a quien le envió, no es temporal, no es por setenta años, ni siquiera por cien. Es eterna. Es una vida imperecedera, interminable. Es, y será vida en el más alto sentido de la palabra. ¿Tiene esa vida usted? ¿Cómo saberlo? Si tiene la capacidad de oír la palabra del Señor Jesucristo, creer a quien le envió. Y como ya dije anteriormente: quien cree verdaderamente al Señor Jesucristo, nunca puede volver a ser un incrédulo. Quien ha recibido vida eterna vivirá eternamente. ¿Quiénes tienen esa seguridad? Quienes acatan la Palabra del Señor Jesucristo y creen el testimonio que el Padre ha dado de Él. Mt. 3:17.

Estos son los únicos verdaderos miembros de la Iglesia en su forma espiritual.

13. LO QUE OCURRE EN QUIENES CREEN EL EVANGELIO VERDADERAMENTE V

LA IGLESIA DEL DIOS VIVIENTE
1 Ti. 3:14,15
[14]Esto te escribo, aunque tengo la esperanza de ir pronto a verte, [15]para que si tardo, sepas cómo debes conducirte en la casa de Dios, que es ***LA IGLESIA DEL DIOS VIVIENTE,*** *columna y baluarte de la verdad*

La Iglesia del Dios Viviente, como hemos venido viendo a la luz de la Escritura, está conformada por quienes han creído el evangelio en verdad. Se denomina Iglesia de Dios, por cuanto es una comunidad que pertenece a Dios no únicamente por creación, sino mucho más por redención. Cada uno de quienes pertenecen a la Iglesia de Dios, como criaturas habían perdido el privilegio de estar en la presencia de Dios a causa del pecado; cayeron bajo la condenación de la justicia de Dios. Pero Dios pagó con la vida de su Hijo, el precio que su propia justicia exige por su redención. Eso incluye todo lo necesario para la reparación de los daños causados por el pecado.
El pecado, además de haber puesto a todos los hombres bajo condenación, causó daños, en nuestras facultades. Daños de los cuales, jamás pecador alguno, por sí mismo, puede recuperarse. Veremos esto en el texto que nos presenta otra denominación de lo que ocurre en quienes creen el evangelio en verdad.
Ti. 3:5
[3] Porque nosotros también éramos en otro tiempo insensatos, rebeldes, extraviados, esclavos de concupiscencias y deleites diversos, viviendo en malicia y envidia, aborrecibles, y aborreciéndonos
unos a otros. [4] Pero cuando se manifestó la bondad de Dios nuestro Salvador, y su amor para con los hombres,
[5] Nos salvó, no por obras de justicia que nosotros hubiéramos hecho, sino por su misericordia, **por el lavamiento de la regeneración** y por **la renovación en el Espíritu Santo,** [6] el cual derramó en
nosotros abundantemente por Jesucristo nuestro Salvador, [7] para
que justificados por su gracia, viniésemos a ser herederos conforme a la esperanza de la vida eterna.

Aquí tenemos dos nuevas descripciones de lo que ocurre en quienes creen verdaderamente el evangelio. La misma obra que ha sido descrita como cambio de corazón y espíritu según Ez. 36: 26,27; que es descrita como la circuncisión del corazón según Dt. 30:6; como un nacimiento nuevo según Jn. 3:3, y como pasar de muerte a vida, Jn. 5:24; ¿Cómo es descrita aquí en este pasaje?

El lavamiento de la regeneración y la renovación en el Espíritu Santo

Estas dos descripciones son sumamente reveladoras. Nos dan nuevos detalles, no únicamente en cuanto a la naturaleza y carácter de la obra que faculta a los pecadores para creer el evangelio, también nos dan nuevos detalles de la naturaleza y carácter del estado no redimido de un individuo humano. Veamos una a una estas dos nuevas descripciones de lo que ocurre en quienes creen verdaderamente el evangelio. ¿Cuál es la primera descripción que el texto nos da de lo que ocurre en quienes creen verdaderamente el evangelio?

❖ El lavamiento de la regeneración

El describirla como el lavamiento, implica que antes de este lavamiento, el individuo estaba en una condición de suciedad, pero al decir que es el lavamiento de la regeneración, indica que también ocurre una transformación. Antes de esta obra, el individuo, no solo estaba en una condición de suciedad, también estaba en un estado de deformación. Quienes creen el evangelio son personas que han sido lavadas y reformadas. La incredulidad y desobediencia son suciedad, mancha y deformación. La incredulidad y desobediencia al evangelio es la esencia de toda clase de inmundicia. Esta es la razón por la que en el antiguo pacto, toda persona y todo elemento que fuese a ser usado para algún servicio a Dios, primero tenía que ser lavado con agua pura. Pero la incredulidad también es deformación: deforma las facultades y las virtudes de las personas. La incredulidad y la desobediencia hacen a las personas, con todas sus facultades, siervas de la injusticia y esclavas del pecado.

Esta descripción de lo que ocurre en quienes creen verdaderamente el evangelio, también nos provee un par de detalles más de la naturaleza y el carácter del poder que opera en los individuos que creen el evangelio. El término lavamiento es gráfico; tiene la intención de ilustrarnos el efecto del poder de la gracia mediante la imagen del efecto del agua, cuando la usamos para lavarnos y lavar los elementos que usamos para nuestro servicio. Como el efecto del agua cuando nos bañamos, es el efecto de la Gracia Divina en el alma de quienes creen el evangelio. No solo limpia, también refresca. Así es el evangelio, además de limpieza, trae refrigerio al alma arrepentida; Hch. 3:19. Pero en el texto el enfoque está puesto en el efecto limpieza. El texto también describe la gracia como una fuerza reconstructora, reformadora, regeneradora, transformadora. La siguiente descripción mencionada en el versículo nos da más luz al respecto.

❖ La renovación en el Espíritu Santo

Aquí se menciona la obra y la fuente.
¿Cómo es denominada la obra? La obra es denominada, renovación. Esta renovación es la misma obra llamada cambio de corazón y de espíritu, circuncisión del corazón, nuevo nacimiento lavamiento y regeneración. Las personas que creen verdaderamente el evangelio, han sido objeto de una obra renovadora. Esa obra renueva el corazón, el alma, y sus facultades. Renueva la conciencia, renueva la voluntad y renueva el entendimiento. Esta renovación, cambia las disposiciones de las facultades de las personas que son objeto de ella. Es la base y punto de partida de la santificación. Es la santificación definitiva y la base de la santificación constante. Esto es así por la fuente en la cual se realiza.

❖ La fuente, el resultado y la causa de la renovación

¿Cuál es la fuente de esta renovación? Es el Espíritu Santo. Es la renovación en el Espíritu Santo. Notemos que esta renovación es hecha no únicamente con el Espíritu Santo, sino en el Espíritu Santo. No es algo superficial, es un sumergimiento renovador con resultados visibles. Los resultados de esta obra son santificantes.
¿Cuál es el resultado del lavamiento de la regeneración o la renovación en el Espíritu Santo? El resultado del lavamiento de la regeneración, o la renovación en el Espíritu Santo, es un nuevo ser. A partir de esta obra, de renovación, quienes son objetos de ella ya no son lo que eran antes de ella. Antes eran incrédulos, incapaces de responder a las demandas del evangelio. El evangelio implica demandas en todos los campos de la vida.

Implica demandas en relación con Dios, en relación con el prójimo y con cada criatura. El evangelio regula la vida de los creyentes en todos los campos y niveles de la vida. El evangelio implica demandas con la posición y roles de cada persona, en la familia, la iglesia y la sociedad en general. Quienes son objeto del lavamiento de la regeneración o la renovación en el Espíritu Santo, pueden hacer lo que antes no podían hacer, porque son personas renovadas. Son diferentes en su ser y en sus relaciones a las demás personas de este mundo. Las personas que son objeto del lavamiento de la regeneración, o la renovación en el Espíritu Santo, son capaces de responder en obediencia a las exhortaciones del evangelio.

Cuando el apóstol exhortó a los creyentes romanos a presentar sus cuerpos en sacrificio vivo, santo y agradable a Dios; cuando los exhortó a no conformarse a este siglo, lo hizo sobre la base de esta renovación hecha en el Espíritu Santo, Ro. 12:1,2. La renovación en el Espíritu Santo, faculta al individuo para discernir la voluntad de Dios, 1 Co.2:15; pero también para subordinarse a ella (la voluntad agradable y perfecta mencionada por el apóstol en Ro. 12:2, es la revelada en la Escritura).

La renovación en el Espíritu Santo es la que faculta a los creyentes para hacer uso de su voluntad con resultados santificantes; no obstante, es responsabilidad de cada creyente tomar las decisiones correspondientes para su santificación. La renovación en el Espíritu Santo faculta al individuo que ha sido objeto de ella para lograr la transformación de su carácter conforme a la voluntad agradable y perfecta de Dios. Eso es así porque el lavamiento de la regeneración o la renovación en el Espíritu Santo es una obra salvadora.

¿De qué nos salvó? La salvación mencionada en Ti. 1:5 no es la salvación de la condenación eterna, sino de la condenación presente, la condenación al pecado. La salvación mencionada aquí es la salvación de las tendencias pecaminosas, la salvación de los malos hábitos. Nos salvó de la insensatez, nos salvó de la rebeldía, nos salvó del extravío, nos salvó de la esclavitud a la concupiscencia y diversos placeres pecaminosos, Ti. 3:3. Notemos que el apóstol dice, incluyéndose él.

> 3 Porque nosotros también éramos en otro tiempo insensatos, rebeldes, extraviados, esclavos de concupiscencias y deleites diversos, viviendo en malicia y envidia, aborrecibles, y aborreciéndonos unos a otros.

Esto éramos, lo que implica que ya no, puesto que fuimos salvos de esa forma de ser y proceder.

A la luz de esto, quienes han sido objeto de la renovación en el Espíritu Santo, no pueden decir que no pueden cambiar sus hábitos y sus tendencias. Quienes han sido objeto de la renovación en el Espíritu Santo, no pueden decir que no pueden mejorar su manera de ser. No pueden decir que no pueden mejorar su carácter, su temperamento, su manera de hablar, y proceder. Quienes han sido objeto de la renovación en el Espíritu Santo no pueden decir que no pueden superarse del desaliento espiritual. No pueden decir que no pueden recuperarse del pecado que en algún momento les ha alcanzado. No pueden decir que pueden madrugar para un paseo, pero no pueden madrugar para el culto. Y si realmente no lo pueden hacer es porque aún no han sido objeto del lavamiento de la regeneración o la renovación en el Espíritu Santo. Si no han recibido el lavamiento de la regeneración o la renovación en el Espíritu Santo, aun están bajo condenación; aún están en el estado de inmundicia. Si ese es el estado de algún miembro de la iglesia, no es un verdadero miembro de la Iglesia de Cristo, aunque sea miembro de ella en su forma institucional.

Los verdaderos miembros de la Iglesia del Señor Jesucristo, antes de haber sido objeto del lavamiento de la regeneración o la renovación en el Espíritu Santo, éramos insensatos, rebeldes, extraviados, esclavos de concupiscencias y diversos deleites, viviendo en malicia y envidia. Antes de ser objeto del lavamiento de la regeneración o la renovación en el Espíritu Santo éramos aborrecibles, no tanto ante los demás hombres como ante Dios; pero también nos aborrecíamos unos a otros. (Ti. 3:3). Esto hermanos, implica que ya no somos esa clase de personas, porque fuimos salvos de ello.

¿Con qué nos salvó? Con el lavamiento de la regeneración o lo que es lo mismo, con la renovación en el Espíritu Santo. En conclusión, quienes han sido objeto del lavamiento de la regeneración o de la renovación en el Espíritu Santo, han sido salvos del dominio de sus tendencias pecaminosas. De acuerdo con el tema, según las Escrituras, quienes creen el evangelio verdaderamente, han sido objeto del lavamiento de la regeneración o de la renovación en el Espíritu Santo. Son nuevas criaturas, son un nuevo ser, caracterizado por un nuevo comportamiento, un comportamiento piadoso, un comportamiento acorde con las normas del evangelio, las normas del Reino de Dios o, lo que es lo mismo, las normas del Reino de los Cielos.

14. LO QUE OCURRE EN QUIENES CREEN EL EVANGELIO VERDADERAMENTE VI

<u>El don adicional y la causa de lo que ocurre en quienes creen el evangelio</u>

LA IGLESIA DEL DIOS VIVIENTE
1 Ti. 3:14,15

14 *Esto te escribo, aunque tengo la esperanza de ir pronto a verte,* 15 *para
que si tardo, sepas cómo debes conducirte en la casa de Dios, que es
<u>LA IGLESIA DEL DIOS VIVIENTE,</u> columna y baluarte de la
verdad*

Ti. 3:5

3 Porque nosotros también éramos en otro tiempo insensatos, rebeldes,
extraviados, esclavos de concupiscencias y deleites diversos,
viviendo en malicia y envidia, aborrecibles, y aborreciéndonos
unos a otros. 4 Pero cuando se manifestó la bondad de Dios
nuestro Salvador, y su amor para con los hombres,
5 Nos salvó, no por obras de justicia que nosotros hubiéramos hecho,
sino por su misericordia, **<u>por el lavamiento de la regeneración</u>**
y por **<u>la renovación en el Espíritu Santo,</u>** 6 el cual derramó en
nosotros abundantemente por Jesucristo nuestro Salvador, 7 para
que justificados por su gracia, viniésemos a ser herederos
conforme a la esperanza de la vida eterna.

De acuerdo con la teología del apóstol en este pasaje, adicional al lavamiento de la regeneración o la renovación en el Espíritu Santo, el Espíritu Santo fue derramado en los creyentes. El versículo 6 muestra que además del lavamiento de la regeneración o la renovación en el Espíritu, el Espíritu Santo fue derramado en quienes fueron lavados, regenerados o renovados. Ese derramamiento del Espíritu Santo en los creyentes los hace recipientes contenedores del Espíritu Santo. Eso mismo lo mencionó Ez. 36:27 de manera clara. La diferencia es que aquí el apóstol se refiere al Espíritu Santo como una sustancia líquida. Sin duda el apóstol tiene en mente el agua con la cual fue tipificado en las Escrituras del Antiguo Testamento.

El apóstol se refiere al Espíritu Santo como una sustancia líquida, no porque sea una sustancia líquida, sino por las figuras que emplea para describir la incredulidad y sus hábitos, y por el efecto de la operación del Espíritu Santo en relación con la incredulidad y sus hábitos. La incredulidad y sus hábitos, son descritos como inmundicia, como suciedad, por ende la obra del Espíritu Santo es descrita también como limpieza, y Él mismo como agua. Los creyentes son lavados, regenerados o renovados en el Espíritu Santo. Esto nos hace pensar en un manantial en el cual los creyentes son sumergidos, pero también nos hace imaginar a los creyentes como recipientes bajo una fuente que se vierte en ellos.

Tanto el lavamiento de la regeneración o la renovación en el Espíritu, y el derramamiento del Espíritu Santo en los creyentes, son una obra de salvación, ver versículo 6. ¿De qué? De lo que éramos los creyentes antes de ser creyentes, ver versículo 3. ¿Qué éramos los creyentes antes de ser creyentes? Insensatos, rebeldes, maliciosos, envidiosos, y esclavos de concupiscencias y diversos vicios. De eso nos salvó al lavarnos, regenerarnos o renovarnos en el Espíritu Santo, y al derramar su Espíritu en nosotros.

Pero nos falta un detalle para comprender mejor la doctrina de los versículos. ¿Quién es el autor del lavamiento, regeneración o renovación en el Espíritu Santo, y del derramamiento del Espíritu en los creyentes? Dios, sin distinción de personas. Es una decisión del consejo divino, ejecutada por el Espíritu Santo. ¿Por qué causa Dios hace esa obra?

La obra por la cual un individuo puede creer y responder a las demandas del evangelio, abandonando sus viejos hábitos, tiene una causa subjetiva y una objetiva según lo mencionan los versículos. La subjetiva conduce a la objetiva, pero la objetiva convierte en realidad la subjetiva.

¿Cuál es la causa subjetiva? Ti. 3:4 y 5, tiene la respuesta. Tres atributos de Dios son la causa subjetiva de lo que la Escritura denomina cambio de corazón y espíritu, circuncisión del corazón, nuevo nacimiento, pasar de muerte a vida, lavamiento de la regeneración o renovación en el Espíritu Santo. **¿Cuáles son esos tres atributos divinos?** La bondad, el amor y la misericordia de Dios. El lavamiento de la regeneración o la renovación en el Espíritu Santo, es la manifestación de la bondad y el amor de Dios, ver versículo 4, y es también una obra de misericordia, ver versículo 5. De misericordia por cuanto son objeto de esa obra y carecen de méritos. Antes de que pudiésemos creer el evangelio, éramos insensatos, rebeldes, extraviados, esclavos de concupiscencias y deleites diversos; vivíamos en malicia y envidia; éramos aborrecibles, y nos aborrecíamos unos a otros. Ti. 3:3: *Pero cuando se manifestó la bondad de Dios nuestro Salvador, y su amor para con los hombres, (3:4) nos salvó, no por obras de justicia que nosotros hubiéramos hecho, sino por su misericordia; (3:5).*

Notemos que dice que no fue a causa de obras de justicia que los creyentes hubiésemos hecho, pues, ¿qué obras de justicia podíamos hacer si andábamos extraviados y éramos insensatos, rebeldes, maliciosos, envidiosos, esclavos de concupiscencias y diversos vicios? ¿Ni siquiera éramos creyentes? Nada agradable había en nosotros que motivara a Dios a amarnos, puesto que nos habíamos hecho aborrecibles ante sus ojos y entre hombres nos aborrecíamos unos a otros. Esa obra llamada regeneración o renovación en el Espíritu Santo es de sola gracia.

En este texto, la gracia es la combinación del amor, la bondad y la misericordia de Dios. La bondad, el amor y la misericordia de Dios, son la causa del nuevo nacimiento, el cambio de corazón y espíritu, la circuncisión del corazón, el pasar de muerte a vida, o lo que en Ti. 3:5, es llamado lavamiento de la regeneración y renovación en el Espíritu Santo.

Ese amor, esa bondad y esa misericordia, Dios las mostró de manera concreta mediante el más grande y sublime de sus actos. Ese acto es la causa objetiva, la razón concreta, lo que asegura lo que ocurre en el ser de un individuo para que pueda creer el evangelio.

¿Cuál es esa causa objetiva? La causa por la cual los miembros de la Iglesia del Señor Jesucristo han sido objeto del lavamiento de la regeneración o la renovación en el Espíritu Santo es una persona. Esta es mencionada en el versículo seis. ¿Cuál es esa persona? Dice el apóstol: Jesucristo nuestro Salvador. Él es la causa por la cual Dios ha sido tan bondadoso, tan misericordioso. El Señor Jesucristo es el amor, la bondad, y la misericordia de Dios en persona y encarnada. Él es la causa por la cual los que son la Iglesia de Dios son creyentes. Él es la causa por la cual quienes son la Iglesia de Cristo han sido lavados con el lavamiento de la regeneración, o con la renovación en el Espíritu Santo.

El Señor Jesucristo es la causa objetiva de todas las operaciones realizadas por el Espíritu Santo en el ser de quienes han sido hechos miembros de la Iglesia del Señor Jesucristo. Él fue dado por Dios, y quien se ofreció para pagar por los pecados de quienes habían de ser hechoS miembros de su

Iglesia. Con su sangre pagó por el pecado de quienes creen el evangelio y pagó por el lavamiento, la regeneración o la renovación en el Espíritu Santo. Él ganó el don del Espíritu para que habite en los creyentes, para que por la renovación, y por la presencia de su Espíritu, oigan su voz y le sigan. Jn. 10:27 y 28. Es por los méritos del Señor Jesucristo, de su sacrificio, de su sangre, que Dios nos ha lavado, regenerado y renovado en su Espíritu, y adicionalmente ha puesto su Espíritu en nuestros corazones. Así lo diseñó y lo hace para que por el Señor Jesucristo Dios sea glorificado, desde ahora y por los siglos de los siglos. Amén.

15. LO QUE OCURRE EN QUIENES CREEN EL EVANGELIO VERDADERAMENTE VII

Bautizado en un cuerpo

LA IGLESIA DEL DIOS VIVIENTE
1 Ti. 3:14,15
[14]*Esto te escribo, aunque tengo la esperanza de ir pronto a verte,* [15]*para que si tardo, sepas cómo debes conducirte en la casa de Dios, que es* ***LA IGLESIA DEL DIOS VIVIENTE,*** *columna y baluarte de la verdad*

A través de varias exposiciones hemos venido considerando lo que Dios hace para que una persona humana pueda creer el evangelio y perseverar en él. Quienes han seguido la serie se habrán dado cuenta que lo que Dios hace en un individuo para que pueda creer en evangelio, es descrito y denominado mediante diversas figuras. Esto significa que es una obra compleja que no puede ser descrita y entendida mediante una sola figura. Cada figura describe algo del estado de incredulidad en el que cayó el ser humano desde que creyó a la serpiente. Cada figura también describe algo de la obra de Dios en el individuo y de los resultados de esa obra en él. Ya hemos visto de manera breve cinco de estas figuras; vamos a ver otra más.
1 Co. 12:13
13 Porque por un solo Espíritu fuimos todos bautizados en un cuerpo,
sean judíos o griegos, sean esclavos o libres; y a todos se nos dio
a beber de un mismo Espíritu.

¿Cómo se denomina lo que ocurre en quienes creen el evangelio según este versículo? Se denomina **"Bautismo"** Esa figura trae nuevas realidades envueltas en la obra que Dios hace en un individuo para que pueda creer el evangelio y responder a sus demandas. Además enfoca nuevas áreas.

Repasemos un poco las descripciones que hemos visto. ¿Las recuerda? La figura, como la del cambio de corazón de piedra por uno de carne, y el cambio del viejo espíritu por uno nuevo, describen un cambio de aptitud, cambio de naturaleza, cambio de intereses, cambio de inclinaciones, perspectivas y expectativas. Describe el punto de partida de la santificación. Las figuras como las de la circuncisión, la radicalidad de la obra y el cambio, también indican que implica decisiones dolorosas. Indican que esta operación incluye el arrancar del individuo, algo que en adelante dejará de ser parte de sí.

La figura del nuevo nacimiento describe el comienzo de una nueva vida en un nuevo estado, con nuevos patrones de conducta, la vida en el Reino de Dios. El nuevo nacimiento es el comienzo de la vida en el Reino de Dios. La figura de pasar de muerte a vida, describe la incredulidad como un estado inerte e inútil, y la obra de Dios transformando al individuo de ese estado inútil a un estado de vida útil. La misma figura también describe la incredulidad como un estado de descomposición, y la obra de Dios para que pueda oír y creer el evangelio como la alteración, o reverso de ese estado de corrupción, a un estado renovación y vida. Lo que Dios hace para que un individuo pueda creer el evangelio es similar a reactivar el proceso homeostático, después de haberse detenido. Tal asunto es completamente una obra sobrenatural. No hay ciencia capaz de reactivar el proceso homeostático después de haberse detenido.

Las dos últimas figuras que vimos son las del lavamiento de la regeneración y la de la renovación en el Espíritu Santo. La primera nos permite comprender que el estado de incredulidad es un estado de suciedad y de degeneración, y lo obra de Dios en el individuo es una obra de limpieza y restauración, o más bien una obra de limpieza restauradora. La figura usada aquí en 1 Co. 12:13, implica realidades descritas en algunas de las figuras estudiadas, pero tiene la intención de llevarnos más allá.

❖ Enfoque de la Figura

Las descripciones que hemos estudiado se enfocan en el individuo propiamente. La figura que tenemos en 1 Co. 12:13 conserva ideas reveladas en la figura que vimos a la luz de Ti.3:5, pero nos lleva a considerar y a comprender asuntos que ninguna de las anteriores descripciones menciona. Esta figura del bautismo conserva la idea de lavamiento, y la de pasar de muerte a vida. El bautismo es tanto un lavamiento como un morir y resucitar. El bautismo describe el lavamiento del pecado, pero también describe el morir a una vieja manera de vivir y resucitar a una nueva, la manera de vivir conforme a las normas del reino de Dios. Pero 1 Co. 12:13 con la figura de bautismo quiere llevar nuestra comprensión más allá de lo individual. Muestra que aunque la regeneración es una obra realizada en el individuo, está encaminada a la colectividad corporal.

Debemos notar que el bautismo mencionado en el texto es un bautismo en un cuerpo. ¿En qué cuerpo es efectuado este bautismo? En el cuerpo de Cristo. ¿Cuál cuerpo? ¿Su cuerpo redentor o su cuerpo redimido? Su cuerpo redimido. ¿Cuál es el cuerpo redimido de Cristo? La iglesia. La iglesia es el cuerpo de Cristo porque en ella habita su Espíritu. La iglesia es el cuerpo en el cual cada creyente es bautizado por el Espíritu Santo, según el texto. Este bautismo, es una forma de referirse a la inserción espiritual u orgánica del individuo a la iglesia; injerción realizada por el Espíritu Santo mediante el nuevo nacimiento, figurado con el bautismo en agua mediante el cual el nacido de nuevo es insertado formal e institucionalmente a la iglesia, Hch. 2:41.42. El bautismo en agua es la ilustración física del bautismo mencionado en 1 Co. 12:13.

❖ Realidades envueltas en la figura

El bautismo mencionado en 1 Co. 12:13 envuelve las mismas realidades, envueltas en el bautismo en agua, lavamiento, muerte y resurrección. El agente que efectúa el bautismo en agua, es un hombre oficial de la iglesia. Pero el agente que efectúa el bautismo referido en 1 Co. 12:13, es el Espíritu de Cristo. El bautismo, mencionado en este texto, no solo envuelve el concepto de lavamiento, muerte al pecado y resurrección a la vida conforme al evangelio; aquí, específicamente implica muerte al individualismo, y a las diferencias étnicas y sociales. En el tiempo del apóstol Pablo, la barrera étnica más radical era entre los judíos y los griegos, y la social entre los esclavos y los libres. Este bautismo, en la iglesia, pone al mismo nivel a los judíos y a los griegos; a los esclavos y a los libres. A los unos y a los otros se les ha dado a beber del mismo Espíritu.

Este bautismo implica la muerte a las diferencias y barreras levantadas por el pecado, y la resurrección a una nueva vida en el seno de la iglesia; es la resurrección a la vida orgánica de la iglesia. Si bien esta obra no es exactamente la misma del nuevo nacimiento, si es simultánea a Él, y resultado propio del nuevo nacimiento. Nadie nace de nuevo sin ser insertado a la iglesia, simultáneamente, por el Espíritu de Cristo. Cuando el Espíritu del Señor le da vida a una persona, le da vida en un cuerpo: la iglesia. La persona que nace de nuevo, inmediatamente queda espiritualmente ligada a la iglesia. Como resultado del nuevo nacimiento, inmediatamente, en su corazón nace el deseo de insertarse a una comunidad local de creyentes, porque esta es la Voluntad del Salvador y el deseo de su nuevo corazón, y su nuevo espíritu. Ese es el deseo del Espíritu Santo, pues ese deseo es mediante el cual el Espíritu del Señor Jesucristo hace notorio el bautismo en el cuerpo.

Para todo verdadero creyente, la iglesia es parte suya y cada miembro parte de la iglesia. La iglesia, para el verdadero creyente es el organismo mediante el cual es nutrido de, en, y por la gracia del Señor Jesucristo. No hay creyente verdadero sin iglesia. La iglesia es vital para cada creyente verdadero, como lo es el cuerpo para cada uno de sus miembros. Como ningún miembro del cuerpo puede subsistir sin estar vinculado al cuerpo, ningún creyente subsiste sin estar vinculado a la Iglesia; en una iglesia local específicamente, puesto que, la iglesia local es la representación visible de la iglesia universal. No hay que pasar por alto que lo que dice el versículo, fue dicho en el contexto de una iglesia local, la iglesia en Corinto.

❖ Razones para no estar vinculado a la iglesia local

Únicamente hay dos razones para que un creyente no esté vinculado y comprometido con una iglesia local. Una es que no sea un creyente verdadero, la otra es que la iglesia no sea una verdadera Iglesia de Cristo.

¿Cómo saber si una iglesia local es verdadera Iglesia de Cristo? ¿Por qué es una iglesia donde todo marcha como nos gusta? ¿Dónde no hay problemas? No, si alguien busca una iglesia donde todo sea a nuestro gusto, probablemente esa no es Iglesia de Dios, o probablemente esa persona no es un verdadero creyente.

Si en esa iglesia hay personas que en alguna medida perseveran en conocer y vivir el evangelio del Señor Jesucristo, esa es Iglesia de Cristo. Las marcas bíblicas de una verdadera Iglesia de Cristo, identificadas históricamente, son:

1. Predicación fiel a la Escritura.
2. Ministración bíblica de los sacramentos, que implica, vivencia de las realidades que representan los sacramentos.
3. Aplicación bíblica de la disciplina eclesiástica.

Esto es lo mismo que perseverar en la doctrina de los apóstoles, lo cual consiste en crecer juntos en el entendimiento y vivencia del evangelio; lo que es lo mismo que tener comunión unos con otros, sirviéndonos mutuamente como lo enseña el evangelio, y adorar a Dios juntos, de acuerdo con la doctrina del evangelio. Sin embargo hay que reconocer que algunas iglesias verdaderas han sido infectadas en diferentes medidas por doctrinas y prácticas no bíblicas. Son iglesias enfermas, cómo lo estaba la iglesia de Sardis, Tiatira, o la de Laodicea, pero aún son verdaderas Iglesias de Cristo.

❖ ¿Qué hacer ante una iglesia enferma?

Si en una iglesia enferma, la infección en lugar de mejorar, empeora aun con todos los intentos de contrarrestarla; en ese caso quizás lo mejor es escapar de allí; pero si el mal está siendo combatido y la iglesia está mejorando, lo indicado es unirse al equipo salvador haciendo por ella todo lo necesario para restaurarla.

Un creyente debe escapar de una iglesia, si la corrupción de la doctrina y práctica de la vida cristiana es imparable y la salud espiritual del creyente está en riesgo por causa de la iglesia. Cuando por causa de la corrupción de la doctrina y la práctica de la vida cristiana la salud del creyente está en riesgo, debe escapar de esa iglesia y refugiarse en una que le proteja y le restaure. Pero si el Señor le ha concedido gracia al creyente, que se ha dado cuenta de la infección, para hacer algo por esa iglesia, debe permanecer en ella hasta agotar todo lo que el Señor le ha dado, intentando restaurar la iglesia enferma o la mayor cantidad de sus miembros. Hacer lo contrario es impiedad. Abandonar una iglesia por mera comodidad, es indolencia e impiedad, es haber perdido la sensibilidad con el cuerpo y los demás miembros. Es negra la realidad del bautismo del Espíritu en el cuerpo, pues cuando el Espíritu de Cristo bautiza a alguien en Su Cuerpo: la iglesia, lo hace sensible y benevolente a los demás miembros.

16. LO QUE OCURRE EN QUIENES CREEN EL EVANGELIO VERDADERAMENTE VII

Resucitar con Cristo

LA IGLESIA DEL DIOS VIVIENTE
1 Ti. 3:14,15
14Esto te escribo, aunque tengo la esperanza de ir pronto a verte, 15para que si tardo, sepas cómo debes conducirte en la casa de Dios, que es ***LA IGLESIA DEL DIOS VIVIENTE,*** *columna y baluarte de la verdad*

1Si, pues, habéis resucitado con Cristo, buscad las cosas de arriba, donde está Cristo sentado a la diestra de Dios.
2Poned la mira en las cosas de arriba, no en las de la tierra.
3Porque habéis muerto, y vuestra vida está escondida con Cristo en Dios.
4Cuando Cristo, vuestra vida, se manifieste, entonces vosotros también seréis manifestados con él en gloria.

Resucitar con Cristo es otra denominación de lo que ocurre en quienes creen verdaderamente el evangelio. Primero consideraré brevemente la figura, luego trataré de explicarla, y finalmente procuraré darle una aplicación general a nuestra experiencia.

❖ La figura considerada

La denominación "resucitar con Cristo" nos recuerda realidades envueltas en las tres últimas figuras que hemos considerado, pero nos provee nuevos detalles. Como puede notarlo, la denominación "resucitar juntamente con Cristo" implica también el concepto de muerte y el de pasar de muerte a vida, como en el caso de Jn. 5:24. La obra mencionada allí es la misma pero este pasaje provee detalles que el otro no da. Aquí, por ejemplo, la resurrección está asociada con Cristo, y las evidencias de quienes han sido objeto de esta resurrección están asociadas con una expectativa particular, característica propia de quienes han resucitado con Cristo; una expectativa no común a todos los hombres.

Entender las implicaciones de esta denominación, ayuda a los creyentes a apreciar la grandeza de la gracia de Dios; ayuda a comprender y a apreciar los privilegios que Dios ha concedido a los creyentes, pero también ayuda a reconocer los deberes que estos privilegios implican.

❖ La figura explicada

El denominativo "resurrección" devela realidades que están fuera del alcance de la comprensión y el poder humanos. Realidades que sólo pueden ser atribuidas a un milagro. Esto es así sobre todo en cuanto a la resurrección. Permítanme explicarlo. Lo que quiero decir es que cuando se habla de resurrección se asume a la vez el concepto de muerte. Si alguien resucita, se asume que estaba muerto, pues no se puede hablar de resurrección donde no ha habido muerte. Quien resucita es porque estaba muerto. Cabe decir que la resurrección referida en el texto, no es una resurrección física, por ende, la muerte de la cual se resucita tampoco es física pero es muerte verdadera. La muerte y la vida espiritual no son algo que esté al alcance de la ciencia. La muerte física lo está en alguna medida, pero no la resurrección. La resurrección física no puede ser realizada ni entendida por la ciencia. Mas la ciencia no puede entender la muerte ni la vida en el plano espiritual. Estas realidades están fuera del alcance de las facultades del hombre natural. 1 Co. 2:14. El hombre natural no puede admitir estas realidades. Únicamente la Biblia habla y explica estas realidades. Tenemos idea de estas realidades, únicamente por que el Espíritu de Dios las ha revelado en las Escrituras.

- El concepto de muerte y resurrección mencionado en el texto

La muerte física es la descripción de la muerte mencionada aquí. No sería posible comprender lo que el texto quiere comunicarnos sino tuviésemos idea de lo que es la muerte física. La muerte en su forma física no es desconocida, es algo que sucede todos los días, segundo a segundo. Con la resurrección ocurre lo contrario, no es algo común ni siquiera constante, pero podemos tener una idea de lo que es resurrección, porque tenemos muy bien claro que es la muerte: si no tuviésemos una idea de la muerte, tampoco podríamos tener una idea de la resurrección. Aunque nunca

hayamos presenciado la resurrección, asumimos que es el retorno a la vida después de haber estado muerto.
La muerte, en ningún caso implica inexistencia. En cualquier caso, muerte es existencia en un estado de incapacidad. Un muerto es un ser que está incapacitado para hacer algo bueno por sí mismo y por quienes le rodean. No obstante, el muerto sí puede afectarse desfavorablemente a sí mismo y a su entorno. Es por eso que los muertos hay que inhumarlos, para evitar el daño que causa su presencia. Nadie deja a un muerto en su casa, por más querido que haya sido. ¿Por qué? Porque un muerto no sólo es un ser incapacitado para hacer algo favorable para sí mismo ni para quienes le rodean. Es porque es un ser en estado de descomposición y contaminación altamente peligrosa. Estas realidades, son las que el Espíritu Santo quiere comunicar al usar la misma denominación para describir el estado de la persona en su estado de incredulidad.
El concepto de resurrección implica la recuperación de las facultades propias de la vida, facultades para hacer algo favorable por sí mismo y por los demás. Pero ningún muerto tiene la capacidad en sí mismo de volver a la vida o auto resucitarse. Esto implica un milagro. Esta es una de las grandes verdades espirituales que el texto comunica. Así como esto es verdad en el campo físico, también lo es en el campo espiritual. Esa es la razón por la que el Espíritu del Señor usa esos términos. Dios siempre usa algo que conocemos en el campo físico para que podamos comprender en alguna medida ciertas realidades del campo espiritual. La realidad de la muerte física ilustra la realidad de la muerte espiritual. Es una realidad que la resurrección requiere: la intervención de un milagro. Eso es verdad tanto en el campo físico como en el espiritual. En los dos campos la resurrección implica un milagro.

- Naturaleza y carácter de esta resurrección

La resurrección mencionada en el texto es una resurrección espiritual, y como en el plano físico, la resurrección no puede ocurrir por sí; esta resurrección tampoco ocurre por sí, ni en sí. Aunque es una resurrección espiritual, es una resurrección que depende de la resurrección física del Señor Jesucristo. Es una resurrección unida a la resurrección del Señor, es decir, ocurre gracias a los méritos de la resurrección de Cristo. Resucitar con Cristo significa resucitar gracias a las virtudes de la resurrección de

Cristo. Quienes resucitan espiritualmente no resucitan por virtud ni en virtud propia. El texto no asume que alguien se haya resucitado a sí mismo. El texto no dice claramente quién realiza la resurrección mencionada, no dice cómo ocurre; únicamente da por hecho que ocurre en virtud de la resurrección del Señor Jesucristo, pero no dice quién la efectúa. Para saber quién efectúa esta resurrección tenemos que acudir a textos como; Ef. 2:4-6. El interés del texto es mostrar en virtud de quien ocurre esta resurrección y la aptitud que la evidencia.

- Carácter de esta resurrección

El carácter de la resurrección mencionada por el texto se infiere por la naturaleza y las evidencias de la misma. De acuerdo con el texto, quienes resucitan están facultados para buscar las cosas de arriba, donde está Cristo sentado a la diestra de Dios Padre. El texto dice que quienes han sido objeto de esta resurrección naturalmente buscan las cosas de arriba, donde está Cristo sentado. A la luz de esto, resucitar con Cristo también significa haber recuperado la capacidad para vivir en conformidad con las políticas del cielo. Esto a su vez implica que quienes no son resucitados están incapacitados en sí mismos para buscar las cosas celestiales. Eso es lo que dice el texto.
Col. 3:1
[1]Si habéis resucitado buscad las cosas de arriba donde esta Cristo sentado a la diestra de Dios.
Esto, a su vez, implica que quienes no han resucitado no son capaces de hacerlo.

❖ La figura aplicada

El texto mismo es una aplicación, puesto que insta a los lectores a considerar si en verdad han resucitado con Cristo. Presupone dos realidades posibles. La primera es que es posible que algunos miembros de la iglesia, no hayan resucitado, por ende no pueden dar el fruto correspondiente; si ese es el caso, estos noson verdaderos miembros, en su forma organica La segunda es que esos miembros, no estén haciendo uso de sus facultades, para dar el fruto correspondiente a su nuevo estado; en su lugar se estén conformando a la manera de vivir del entorno, mostrando poco interés por la forma de vida correspondiente a su nuevo estado.

Por lo que el texto dice, se espera que cada uno de los miembros de la iglesia, en verdad, hayan resucitado juntamente con Cristo. Si así es, deben dar esa evidencia. ¿Cómo? Buscando las cosas de arriba, donde está Cristo sentado a la diestra de Dios.

¿Cuáles son las cosas de arriba? Las cosas de arriba es una referencia a la vida que es conforme al evangelio, las cosas correspondientes al reino mesiánico redentivo del Señor Jesucristo (1:13), las cosas celestiales. El texto asume con toda claridad que quienes han resucitado con Cristo tienen la capacidad de buscar las cosas celestiales. A su vez, asume que quien no tiene interés por las cosas celestiales y capacidad para conformarse a ellas, es porque no ha resucitado con Cristo. No tener capacidad para conformarse al evangelio no significa que no tengan el deber y la necesidad de hacerlo. Toda persona tiene necesidad del evangelio, y la obligación de vivir conforme a sus principios y valores, pero únicamente quienes han resucitado con Cristo pueden hacerlo.

El texto también nos permite comprender que no es suficiente con formar parte de una comunidad denominada cristiana. Formar parte de una comunidad de creyentes no garantiza per sé, que se ha sido salvo, que se es realmente creyente.

El texto también asume que es responsabilidad de cada persona que conforma la iglesia, en su forma institucional, asegurarse que en verdad ha resucitado juntamente con Cristo. La responsabilidad de los pastores es darle las pautas bíblicas para tal examen. La evidencia de haber resucitado juntamente con Cristo es que puede corresponder a la vida que es conforme al evangelio. Esto implica cambios radicales, cambios que el apóstol menciona específicamente, a partir del versículo cinco. Implica cambios que afectan al ser completo y a su hacer privado y público (Co. 3:5; 4:5)

17. LO QUE OCURRE EN QUIENES CREEN EL EVANGELIO VERDADERAMENTE IX

Resucitar con Cristo

LA IGLESIA DEL DIOS VIVIENTE
1 Ti. 3:14,15

[14]*Esto te escribo, aunque tengo la esperanza de ir pronto a verte,* [15]*para que si tardo, sepas cómo debes conducirte en la casa de Dios, que es* ***LA IGLESIA DEL DIOS VIVIENTE,*** *columna y baluarte de la verdad*

3:1 Si, pues, habéis resucitado con Cristo, buscad las cosas de arriba, donde está Cristo sentado a la diestra de Dios.
3:2 Poned la mira en las cosas de arriba, no en las de la tierra.
3:3 Porque habéis muerto, y vuestra vida está escondida con Cristo en Dios.
3:4 Cuando Cristo, vuestra vida, se manifieste, entonces vosotros también seréis manifestados con él en gloria.

Magnitud e importancia de la Resurrección con Cristo

Lo que hemos venido tratando en este bloque de exposiciones corresponde a realidades que están fuera del alcance de la comprensión y el poder humano. Me refiero a la resurrección. El denominativo "resurrección" devela una realidad de tal magnitud que no cabe en el entendimiento natural humano. La resurrección es una realidad que no puede ser entendida por la ciencia humana, mucho menos realizada. La ciencia o inteligencia humana, natural, escasamente puede comprender la muerte física. Ni siquiera puede admitir la idea de la resurrección física, mucho menos la resurrección espiritual.

Para la ciencia humana, la resurrección física es una ilución utópica, cuánto más en el plano espiritual. Tanto la muerte como la vida en el plano espiritual, son realidades que están fuera del alcance del entendimiento y ciencia humana. Estas realidades están fuera del alcance de las facultades más avanzadas del hombre natural. 1 Co. 2:14. El hombre natural no puede admitir estas realidades. Únicamente la Biblia habla y explica estas

realidades. Tenemos idea de estas realidades únicamente por que el Espíritu de Dios las ha revelado en las Escrituras.
La muerte espiritual es una realidad como lo es la muerte física. De igual manera la resurrección espiritual es una realidad como lo será finalmente la resurrección física.

❖ La importancia de resucitar con Cristo

La resurrección espiritual es determinante para la resurrección física. De la resurrección espiritual depende el estado y el destino de la resurrección física. Es más, de la resurrección espiritual depende su destino y elmio después de la muerte física. Quien no ha resucitado espiritualmente, no puede esperar ir a la presencia gozosa de Dios después de la muerte física, tampoco conocerá ni gozará de la gloria de Dios, en el mundo redimido, cuando resucite físicamente. Mire lo que el Señor Jesucristo dijo al respecto:
Jn.5: 28,29
28No os maravilléis de esto; porque vendrá hora cuando todos los que están en los sepulcros oirán su voz; 29y los que hicieron lo bueno, saldrán a resurrección de vida; más los que hicieron lo malo, a resurrección de condenación.
Este versículo es parte de una conversación del Señor Jesús con los judíos, en Jerusalén, después de haber sanado al paralítico de Betesda. Según el versículo 25 y 26, el Señor les estaba hablando de la resurrección espiritual.
El Señor les dijo:
25De cierto, de cierto os digo: Viene la hora, y ahora es, cuando los muertos oirán la voz del Hijo de Dios; y los que la oyeren vivirán; 26Porque como el Padre tiene vida en sí mismo, así también ha dado al Hijo el tener vida en sí mismo; 27y también le dio autoridad de hacer juicio, por cuanto es el Hijo del Hombre.
En el versículo 25, los muertos son muertos espiritualmente, y la vida que reciben es la vida espiritual.
En estas palabras, el Señor revela varias verdades asombrosas, imposibles de ser admitidas por el entendimiento natural humano. Una de estas revelaciones es que el momento en que los muertos oirían su voz había llegado, y quienes oyeren su voz vivirían. Otra es que su vida como la del Padre es intrínseca, no se debe a nada y a nadie fuera de sí. Una tercera revelación que el Señor dio en ese momento es que los muertos vivirán por

su voz, es decir, por su palabra. La cuarta revelación relacionada es que su facultad para dar vida a los muertos se debe a su aseidad. La quinta revelación es que el Padre le dio autoridad para hacer juicio, por ser igual al Padre en existencia, y a la vez por ser el representante federal del hombre en su esencia. Estas son revelaciones de alto voltaje.

Por lo que dijo el Señor, según el versículo veintiocho, esas afirmaciones causaron algún tipo de asombro a los judíos; sobre todo la de que había llegado la hora en la que los muertos vivirían por oír su palabra. El Señor les dijo:

> 28No se asombren por lo que les acabo de decir, estas son realidades
> que no se pueden ver; asómbrense por lo que verán; porque
> vendrá el momento cuando todos los que están en los sepulcros
> oirán su mí voz; 29 y los que hicieron lo bueno, saldrán a
> resurrección de vida; más los que hicieron lo malo, a resurrección
> de condenación.

Los muertos a los cuales el Señor se refirió en los versículos 25 y 26, no son los muertos que están en los sepulcros, y la vida que reciben, no es la física. Pero los muertos mencionados en los versículos 28 y 29 si son los muertos físicos. En el primer caso únicamente resucitan quienes oyen su voz; los demás continuarán muertos. En el segundo caso, todos resucitan, pero unos para vida y otros para condenación.

¿Quiénes resucitarán a resurrección de vida en el segundo caso? Los que hicieron lo bueno. **¿Qué es lo bueno según el contexto?** No es repartir bienes a los pobres, únicamente; esto servirá únicamente para disminuir unos pocos grados el fuego de la condenación, pero no para ser libre de ella. Hacer lo bueno es oír la voz del Señor Jesucristo mediante la cual obra la primera resurrección. ¿Cuál es la voz del Señor Jesucristo mediante la cual obra la primera resurrección? El evangelio aplicado por el poder del Espíritu de Dios, al corazón del individuo, espiritualmente muerto.1 Pe. 2:22-25. Hacer lo bueno es creer que el Señor Jesús es quien dice que es y en lo que vino a hacer. Hacer lo bueno según la teología bíblica es creer el evangelio, vivir por él y en él. Hacer lo bueno es buscar las cosas de arriba, donde está Cristo sentado a la diestra de Dios. Col. 3:1-4. Miremos como lo dice el apóstol allí:

> 1Si, pues, habéis resucitado con Cristo, buscad las cosas de arriba,
> donde está Cristo sentado a la diestra de Dios. 2 Poned la mira en
> las cosas de arriba, no en las de la tierra. 3 Porque habéis muerto,

y vuestra vida está escondida con Cristo en Dios. [4] Cuando Cristo, vuestra vida, se manifieste, entonces vosotros también seréis manifestados con Él en gloria.

¿Nota la concordancia que hay entre Jn. 5:25 y 29 y Col. 3:1 y 4? Quienes viven al oír la voz del Hijo de Dios según Jn. 5:25 son los mismos que resucitan con Cristo según Col. 3:1. Estos mismos son quienes saldrán a resurrección de vida, según Jn. 5:29; y quienes serán manifestados con Él en Gloria, cuando Cristo se manifieste, Col. 3:4. Esa manifestación en gloria, envuelve la resurrección de vida de quienes murieron físicamente después de haber resucitado espiritualmente y la transformación de quienes habiendo resucitado espiritualmente, no hayan muerto físicamente cuando el Señor regrese. Estos sucesos son ampliados por el apóstol Pablo en 1 Ts. 4:15,16 y en 1 Co. 15:51-55

A la luz de la doctrina del Señor Jesucristo, según Jn. 5:25-29 y la del apóstol Pablo, según Col. 3:1 y 4, y 1 Co. 15:51-55, hay dos tipos de resurrecciones: la primera es la resurrección espiritual, Jn. 1:25 y Col. 3:1, realizada por la aplicación del evangelio en el poder del Espíritu Santo, 1 P. 2:22-25, y la segunda, la resurrección física, Jn. 5:29 efectuada por la Palabra del Señor Jesús en su segunda venida, Jn. 5:29. La resurrección espiritual es la que determina el destino de cada individuo. Quienes tengan parte en la primera resurrección, la segunda muerte no tendrá lugar sobre ellos.

Ap. 20:6.

[6]Bienaventurado y santo el que tiene parte en la primera resurrección; la segunda muerte no tiene potestad sobre éstos, sino que serán sacerdotes de Dios y de Cristo, y reinarán con él mil años.

Según esta referencia, ¿cuál es el efecto de la primera resurrección en quienes son objeto de ella? Dos efectos gloriosos se mencionan en este texto. Primero: inmunizarlos contra la segunda muerte. Segundo: hacerlos aptos para ser sacerdotes de Dios y reinar con Cristo hasta que ponga a sus enemigos por estrado de sus pies. ¿Vemos por qué es importante que cada miembro de la iglesia se asegure de haber resucitado juntamente con Cristo? Si alguien no ha resucitado con Cristo, no forma parte del sacerdocio real para Dios, tampoco reina con Cristo, y por ende, cuando el Señor Jesucristo se manifieste, no será manifestado con Él en gloria. En su lugar, sufrirá los horrores de la muerte segunda. Ap. 20:12-15; 21:8

❖ Evidencia de haber resucitado con Cristo

¿Cómo saber si uno ha tenido parte en la primera resurrección? Lo podemos saber por el interés que tengamos por los asuntos del cielo. Quienes en verdad tienen parte en la resurrección espiritual, se distinguen no únicamente por que figuran en la lista nominal de los miembros de la iglesia en su forma institucional, sino por que muestran un verdadero compromiso con las demandas del evangelio; o dicho de otra manera: Quienes han tenido parte en la resurrección espiritual, manifiestan un interés notorio, serio, por los asuntos del Reino de Dios. Un esfuerzo sacrificial pero gozoso por su santificación personal, y la de la iglesia. Estos, tienen la garantía de la Palabra de Dios que cuando Cristo se manifieste en gloria, serán manifestados con Él en Gloria, porque resucitarán con Cristo. Como evidencia de esto pusieron su mirada en las virtudes celestiales, y se dedicaron a crecer en ellas. ¿Ha resucitado usted con Cristo? Asegúrese de ello.

18. LO QUE OCURRE EN QUIENES CREEN EL EVANGELIO VERDADERAMENTE X

Librados de la ley del pecado y de la muerte
Ro. 8:1-11

LA IGLESIA DEL DIOS VIVIENTE
1 Ti. 3:14,15

[14]Esto te escribo, aunque tengo la esperanza de ir pronto a verte, [15]para que si tardo, sepas cómo debes conducirte en la casa de Dios, que es ***LA IGLESIA DEL DIOS VIVIENTE,*** *columna y baluarte de la verdad*

Las realidades espirituales no sólo están fuera del alcance de las facultades más avanzadas del hombre natural. 1 Co. 2:14, tampoco pueden ser entendidas, con facilidad por los redimidos. Una de esas realidades que están fuera del alcance de las facultades más avanzadas del hombre natural y con dificultad es entendida por el espiritual, es lo que ocurre en quienes conforman la Iglesia del Dios Viviente.

La Iglesia del Dios Viviente está conformada exclusivamente por los que creen verdaderamente el evangelio. Nadie puede pertenecer a la Iglesia de Dios, sin creer verdaderamente el evangelio. Pero nadie cree el evangelio por y en sus fuerzas naturales. Cuando creemos el evangelio, solo sabemos que lo creímos porque comenzamos a experimentar cambios en nuestro ser, pero no sabemos por qué. Quienes creen el evangelio es porque son objeto de cierta obra sobrenatural, realizada en el ser de quien cree.

❖ Es una obra misteriosa

La obra por la cual un individuo puede creer el evangelio, es una que hace que el individuo deje de ser lo que es y llegue a ser un nuevo ser, sin dejar de ser el mismo ser. En el mismo hombre, muere un hombre y nace uno nuevo sin dejar de ser el mismo. Por ejemplo: en Pablo murió el Pablo incrédulo, y nació un Pablo creyente; de manera que el Pablo creyente no es el incrédulo, sin embargo es el mismo. Las experiencias conocimientos y habilidades naturales del Pablo incrédulo son las mismas del Pablo Creyente, pero el Pablo nuevo las usa de manera diferente a como las usaba el Pablo incrédulo. De manera que el Pablo creyente no es el mismo Pablo incrédulo, pero tampoco es otro Pablo. ¿Notan la complejidad de la obra por la cual un individuo cree el evangelio? Como diría San Agustín: ¡Qué poder misterioso es el que me ha hecho un nuevo Agustín, sin dejar de ser el mismo Agustín!

❖ Es una obra sumamente compleja

Es sumamente complejo entender lo que Dios ha hecho en quienes creen el evangelio. Quienes no son objeto de esa obra no la pueden entender. Quienes son objeto de ella la vamos entendiendo en la medida en que perseveramos, escudriñando lo que al respecto ha sido revelado en la Escritura. No podríamos tener nociones rectas de lo que ocurre en quienes creen el evangelio, si la Escritura no nos hablara de ello. Fue necesario que el Espíritu de Dios hiciese uso de ciertas imágenes tomadas del mundo físico, para que, por medio de esas imágenes y nuestros sentidos naturales, pudiésemos lograr alguna comprensión de esas realidades. Cada una de las figuras que hemos considerado refleja esta misteriosa realidad de lo que ocurre en quienes creen el evangelio verdaderamente.

En esta ocasión vamos a considerar otra denominación de lo que ocurre en quienes creen el evangelio. Esta será la última que estaremos considerando. Leamos la siguiente referencia:

Ro. 8:1,2

1 Ahora, pues, ninguna condenación hay para los que están en Cristo Jesús, los que no andan conforme a la carne, sino conforme al Espíritu.

2 Porque la **ley** del Espíritu de vida en Cristo Jesús me ha **librado** de la ley del pecado y de la muerte.

3 Porque lo que era imposible para la **ley**, por cuanto era débil por la carne, Dios, enviando a su Hijo en semejanza de carne de pecado y a causa del pecado, condenó al pecado en la carne;
4 para que la justicia de la **ley** se cumpliese en nosotros, que no andamos conforme a la carne, sino conforme al Espíritu.

Lo que ocurre en quienes creen verdaderamente el evangelio, aquí es descrito de una manera diferente a las que hemos considerado en las exposiciones anteriores. ¿Cómo es denominado aquí lo que ocurre en quienes creen el evangelio? **Ser librado de la ley del pecado y de la muerte**, 8:2. Esta descripción de lo que ocurre en quienes creen el evangelio, está asociada con algunas de las denominaciones ya consideradas. No obstante, revela detalles que las otras no revelan con claridad. El versículo uno presenta los resultados de la obra, el dos habla de la obra misma, los versículos tres y cuatro amplían la obra y sus efectos o resultados

Uno de los principales términos en este pasaje es el término "ley" En esta porción aparece cuatro veces. Dos en el versículo dos, una en el versículo tres y la cuarta en el versículo cuatro. La primera vez que aparece en el versículo dos está relacionada con el Espíritu de Vida en Cristo Jesús y la segunda está relacionada con el pecado y la muerte. En el versículo tres y cuatro con la Palabra de Dios escrita, específicamente con la Torá. En el versículo dos el termino ley, en los dos casos, tiene la connotación de principio activo; es decir, se refiere a un poder o fuerza operante, no a un precepto. En los versículos tres y cuatro su connotación es preceptiva, no de principio activo. En todos los casos, tras el término ley está también la idea de régimen, reino o imperio. El versículo dos menciona dos clases de ley. ¿Cuáles son?

- **La ley del Espíritu de vida y la ley del pecado y de la muerte**

Las dos veces que es usado el término ley en el versículo dos de Ro. 8, se refiere a un principio operante, no a un precepto proposicional; pero en los dos casos, ese principio activo es de naturaleza y carácter diferente. No es el mismo principio. En cada caso la palabra "ley" en el versículo, está relacionada con un reino diferente. La ley del Espíritu de vida corresponde a un régimen, y la ley del pecado y de la muerte corresponde a otro régimen. Los dos regímenes con su respectiva ley son antagónicos entre sí. Son opuestos, no se corresponden. La ley del Espíritu de vida corresponde al Reino del Amado Hijo de Dios, (Col. 1:13; este es el Reino Mesiánico Redentivo del Señor Jesucristo. Es el reino del evangelio. Este reino comenzó oficialmente después de su resurrección con su ascensión al cielo. Eso fue lo que dijo el apóstol Pedro el día de la inauguración de la iglesia universal:

Hch. 2:32-36

32 A este Jesús resucitó Dios, de lo cual todos nosotros somos testigos.

33 Así que, exaltado por la diestra de Dios, y habiendo recibido del Padre la promesa del Espíritu Santo, ha derramado esto que

vosotros veis y oís. 2:34 Porque David no subió a los cielos; pero él mismo dice: *Dijo el Señor a mi Señor: Siéntate a mi diestra,* 2:35 *Hasta que ponga a tus enemigos por estrado de tus pies.*2:36 Sepa, pues, ciertísimamente toda la casa de Israel, que a este Jesús a quien vosotros crucificasteis, Dios le ha hecho Señor y Cristo

La ley del pecado y de la muerte, mencionada en Ro. 8:2a, corresponde al reino de las tinieblas, mencionado en Co. 1:13. Este reino tuvo su origen en el Edén, cuando Satanás engañó a Eva y mediante ella logró que Adán desobedeciera la Palabra de Dios. Ese fue el comienzo del imperio del pecado y de la muerte, puesto que el pecado y la muerte entró por Adán a todos los hombres, Ro. 5:12

A la luz de Ro. 8:2, de Col. 1:13 y de toda la doctrina bíblica, la humanidad en la esfera espiritual está envuelta en estos dos reinos únicamente. El reino cuya norma es la ley del Espíritu de vida en Cristo Jesús, y el reino cuya norma es la ley del pecado y de la muerte. ¿Cuál es el rey del reino cuya norma es la ley del Espíritu de vida en Cristo Jesús? El Señor Jesucristo, según, Col. 1:13 y Hch. 2:32-36. ¿Cuál es el rey del reino cuya norma es la ley del pecado y de la muerte? Eso lo sabemos por Hb. 2:14,15 y Ef. 2:2,3. Toda persona, en el ámbito espiritual, pertenece a uno de estos dos reinos. Nadie puede pertenecer a los dos simultáneamente; no obstante, un individuo puede ser trasladado del impero del pecado y de la muerte al Reino del Señor Jesucristo, mediante un acto de liberación. Este acto es descrito en el versículo 2 por el término "librado". Este es el segundo término clave del pasaje. (Ro.8)

❖ Rescatados del régimen del pecado y de la muerte

Quienes creen el evangelio, antes de creerlo pertenecían al reino del pecado y de la muerte, pero a partir del instante cuando creyeron el evangelio verdaderamente, fueron rescatados y trasladados al Reino del Señor Jesucristo. El mismo apóstol Pablo estaba bajo la ley del pecado y de la muerte, Ro. 8:2; Ef. 2:3. Notemos que, en el versículo habla en primera persona. Dice:

*Porque la **ley** del Espíritu de vida en Cristo Jesús me ha librado de la **ley** del pecado y de la muerte.*

Esa afirmación implica que él mismo había estado bajo el régimen del pecado y de la muerte. ¿Cuándo estuvo Pablo bajo la ley del pecado y de la muerte? Antes de haber creído en el Señor Jesucristo. No creer el evangelio es estar bajo el régimen del pecado y de la muerte. Este dato nos permite saber cuál es la ley del pecado y de la muerte y cual la del Espíritu de vida en Cristo Jesús. De acuerdo con la teología bíblica, la ley del pecado y de la muerte, es la incredulidad, y la ley del Espíritu de vida en Cristo Jesús, es la fe en el evangelio o lo que es lo mismo, la fe en lo que es el Señor Jesucristo y en lo que ha hecho para redimirnos del pecado, de la culpa y de la condenación. Permanecer en incredulidad en relación con el Señor Jesucristo y su obra redentiva es permanecer bajo el imperio de la muerte.
A la luz de esto, quienes creen el evangelio son librados del régimen del pecado y de la muerte. Este acto de liberación, no ocurre por la imposición de las manos de nadie en una sesión de exorcismo. Esa liberación es un sinónimo del implante del nuevo corazón y nuevo espíritu, o de lo que el Señor Jesucristo llamó nuevo nacimiento y pasar de muerte a vida. Esa liberación ocurre cuando el Espíritu de Cristo implanta le fe en el evangelio, mediante el oír el evangelio. La fe en el evangelio es una virtud propia del nuevo nacimiento, de la nueva vida en Cristo. La fe en el Señor Jesucristo, o la fe en el evangelio, es el principio activo que neutraliza la ley del pecado y de la muerte, y lo libera de su régimen. Es por eso que el apóstol también llama a esta obra, liberación del pecado y de la muerte.
Lo que ocurre en quienes creen verdaderamente el evangelio no es un cambio superficial, es un cambio radical y trascendental. Es un cambio radical, por cuanto quien es objeto de esa obra transformadora, jamás pueden volver a ser lo que era. Es un cambio trascendental porque es un cambio de un estado de muerte a un estado de vida eterna. Así lo dijo el Señor Jesucristo, según Jn. 5:24; y Pablo, según Col. 3:1,2. Es un traslado de un reino a otro reino. Col. 1:13; Jn. 3:3. Esta liberación es una liberación de la muerte espiritual a la vida espiritual. Es una liberación de la incapacidad para creer el evangelio a la capacidad de creer y obedecer el evangelio. Es una liberación del dominio del pecado, a la obediencia al evangelio mediante la fe en el Señor Jesucristo. Quienes han sido liberados de la ley del pecado y de la muerte, ya no son dominados por el pecado, ellos dominan al pecado. El pecado puede herirles, pero no los puede dominar, y mucho menos matar.

❖ La base de esta liberación radical y trascendental.

La base de la liberación mencionada en el versículo dos de Ro.8, es mencionada en el versículo uno y en el tres. ¿Cuál es esa base? Cristo Jesús, versículo 1. El Hijo de Dios, versículo 3. El versículo uno dice que no hay condenación para los que están en Cristo Jesús. El apóstol une el título Cristo, mesías, con el nombre Jesús, para dejar claro a quien se estaba refiriendo. El apóstol hizo esto para destacar el carácter divino humano del Señor, y dejar claro que Jesús es Cristo. Les recuerdo que los gnósticos cristianos negaban que Cristo y Jesús fueran la misma persona. 1 Jn. 2:22. Por otro lado los judíos se negaban a creer que Jesús es el Cristo.

En el versículo tres se refiere a Él como el Hijo de Dios, enviado para condenar el pecado en la carne. El término "condenar" el pecado, no se refiere únicamente a una declaración formal, ni la demostración de la maldad del pecado y emisión de un veredicto condenatorio. Se refiere, primeramente, a la derrota o neutralización de su poder, el poder del pecado, en su humanidad, la humanidad de Cristo. Él fue tentado en todo, según nuestra semejanza, pero sin pecado, Hb. 4:15. En segundo lugar, la expresión: "condenó al pecado en su cuerpo de carne", implica que demostró su maldad, la maldad que ha causado a la creación de Dios. Pero también significa que en su carne también derrotó su efecto legal sobre quienes fueron unidos a Él. Esto lo revela con mayor claridad el autor del libro a los hebreos.

Hb. 2:14,16-18

> [14]Así que, por cuanto los hijos participaron de carne y sangre, él también participó de lo mismo, para destruir por medio de la muerte al que tenía el imperio de la muerte, esto es, al diablo.
>
> [16]Porque ciertamente no socorrió a los ángeles, sino que socorrió a la descendencia de Abraham. [17]Por lo cual debía ser en todo semejante a sus hermanos, para venir a ser misericordioso y fiel sumo sacerdote en lo que a Dios se refiere, para expiar los pecados del pueblo. [18]Pues en cuanto él mismo padeció siendo tentado, es poderoso para socorrer a los que son tentados.

Esta escritura habla de las tres formas como el Señor Jesús condenó el pecado en su carne:

1. Venciendo su poder corruptor, mediante su fiel obediencia la ley de Dios, dada a los hombres.

2. Recibiendo sobre sí la sentencia que sus hermanos, hijos de Abraham, habían merecido.
3. Venciendo su máximo efecto, la muerte al resucitar.

Así derrotó al que tenía el imperio de la muerte. Eso que el Señor Jesús hizo es la raíz del evangelio. Esa es la base sobre la cual el Espíritu Santo obra la liberación de quienes son unidos al Señor Jesucristo, liberándolos del poder del pecado y de la muerte. Para que, lo que no podían hacer por sus fuerzas naturales, ahora si lo puedan hacer, no por su poder natural, sino por el principio de vida espiritual que fue implantado por el Espíritu de Cristo. Antes de haber recibido la fe en el Señor Jesucristo, la ley como precepto resultaba inútil; sin poder alguno. A partir de la implantación en sus corazones, de la fe en el Señor Jesucristo, la justicia de la ley se cumple en los creyentes. ¿Cómo se cumple? Por medio de la fe en el evangelio: *porque mediante la fe en el evangelio la justicia de Dios se revela por fe y para fe*. Ro. 1:17. Por la fe los creyentes obran conforme a la ley de Dios, no por, ni en su propia justicia, sino por y en la justicia de Dios, la cual les ha sido dada en el Señor Jesucristo. Éstos, quienes han sido objeto de esta obra descrita mediante las figuras consideradas en las exposiciones anteriores, son quienes conforman la Iglesia del Dios viviente. Con esto es suficiente para que usted considere si pertenece a esta iglesia.

Todos mis agradecimientos a Dios por toda su Gracia para conmigo, por la luz de su Palabra, y por los hermanos Danilo Rairán y Anny Reyes, quienes trabajaron en la digitación y corrección de ortografía; a la Iglesia redención Gratuita en Jesucristo, y familia que me han respaldado, y en especial a mi hijo Javier, quien me ha motivado mucho para que estos trabajos sean publicados.

Printed by Books on Demand GmbH, Norderstedt / Germany